High thoughts must have high language.
고결한 생각은 고상한 언어로 표현해 줘야 한다.
– 아리스토텔레스

한자 어휘 바탕 다지기

兄 生 友
命 所
弟

박현창 지음

A3 초등 3년 이상

엔듀
인사이트

한자 어휘 바탕 다지기 A3

초판 1쇄 발행 2019.2.8. | 초판 2쇄 발행 2022.1.21.

지은이 박현창 | 펴낸이 한기성 | 펴낸곳 에듀인사이트(인사이트)

기획·편집 신승준, 장원정 | 표지 디자인 오필민 | 본문 디자인 문선희 | 일러스트 나일영 | 인쇄·제본 서정바인텍

베타테스터 권보경(초4), 권보민(초3), 권민재(7세), 김승민(초5), 방도현(초2), 설진헌(초5), 신주환(초4),

윤이준(초3), 이민아(초2), 이연주(초4), 이은채(초5), 이재용(초2), 임민재(초4), 정수인(초4), 조원규(초6),

진현호(초3), 최상호(초4), 최서초(초2), 추승우(초5), 허영재(초3), 황준상(초3)

등록번호 제2002-000049호 | 등록일자 2002년 2월 19일 | 주소 서울시 마포구 연남로5길 19-5

전화 02-322-5143 | 팩스 02-3143-5579 | 홈페이지 http://edu.insightbook.co.kr

페이스북 http://www.facebook.com/eduinsightbook | 이메일 edu@insightbook.co.kr

ISBN 978-89-6626-736-1 64710

SET 978-89-6626-719-4

책값은 뒤표지에 있습니다. 잘못 만들어진 책은 바꾸어 드립니다.

정오표는 http://edu.insightbook.co.kr/library에서 확인하실 수 있습니다.

이 책의 사진은 국립민속박물관, 서울역사박물관, 위키피디아, 클립아트코리아에서 제공받았습니다.

국어 어휘를 향상시키기 위한 한자어·한자 공부를 제안합니다

3대 취업 자격증 시험 가운데 응시생은 대부분 초등학생인 것이 있습니다. 바로 한자 급수시험(한자 사용능력검정)입니다. 이 시험이 자리 잡게 된 배경에는 **'국어 어휘의 75%가 한자어이다. 한자어는 한자로 이루어져 있다. 따라서 한자를 모르면 국어를 못한다. 공부도 못한다.'** 는 다분히 상업적인 논리가 학부모에게 받아들여지기 때문입니다.

국어의 많은 어휘가 한자어인 것은 맞습니다. 한자어가 한자로 이루어진 것 또한 사실입니다. 그렇다고 다짜고짜 '한자부터 익히고 볼 일이다.' 하는 것은 초등학생에게는 매우 불합리한 방법입니다. 초등학생들이 한자어를 모르는 것은 한자를 몰라서가 아니라 국어 어휘를 모르는 것이고, 국어 어휘 교육의 기회와 방법이 부족하기 때문일 것입니다.

아이들에게 '人 사람 [인], 工 장인 [공], 夫 지아비 [부]' 라 쓰고 달달 외게 한다고 곧장 '인공 (人工), 인부(人夫)'와 같은 한자어를 연상하기는 어렵습니다. 기존의 한자 교육은 한자를 아는 것이 한자어를 이해하는데 의미 있고 효율적인 것이라 강조하면서도 방법은 구태를 벗어나지 못하고 있습니다.

물론 한자를 배우지 말자는 것은 아닙니다. 국어 어휘력을 늘리는데 한자를 익혀두면 효과적입니다. 다만 한자 교육의 취지를 제대로 인식하고, 초등학생들에게 알맞은 방법이 무엇인지 돌아보자는 것입니다.

초등학생들에게 어떻게 한자어와 한자를 가르치는 것이 효과적일까요? **결론부터 말하면 한자 학습은 한자어 학습을 위한 것이고 국어 어휘력, 나아가 국어 사용 기능을 신장하기 위한 것이 되어야 합니다.** 그래야 비로소 어휘 학습의 질적 개선이 이루어질 수 있습니다.

더 나아가 한자어가 한자로 이루어진다는 사실에만 주목할 것이 아니라 **한국화 된 한자의 특성, 독특한 우리만의 한자 사용법**이 있음을 자각해야 합니다. 중국인에게 '春(춘)'의 뜻이 무엇이냐 물으면, '春夏秋冬(춘하추동)의 춘'이라 말합니다. 그 글자가 쓰인 쉬운 낱말을 들어 설명합니다. 우리처럼 '봄 춘'이라 하여 음과 훈(뜻)을 말하지 않습니다. 바로 이런 게 한국화 되었다는 것입니다. 이것을 한글문화연대 이건범 대표의 표현을 빌리면 **'우리 말소리 가운데는 뜻을 압축하고 번역한 것'**이 한자이고, 한자의 조합이 한자어라는 것입니다. **예컨대 '국수'나 '밀가루'라는 뜻을 압축하고 번역한 것이 '면'이라는 것입니다.** 이 독특한 한자 활용법을 익히는 데 집중하는 것이 한자 어휘를 잘 알게 되는 비결입니다.

아이에게 적합한 한자 학습 방법은 기존의 방법을 거꾸로 하는 것입니다. 오래 전부터 스스로 깨닫지 못했을 뿐이지 부모님 스스로가 해왔던 방법입니다. 즉 '라면, 냉면, 짜장면'의 공통점을 더듬어 보게 해야 합니다. 그런 다음 국수 종류에는 모두 '면'자가 있음을 발견하게 해야 합니다. 아이들은 '면'자가 있는 낱말은 으레 국수 같은 것이겠구나 짐작하겠죠. '가면, 복면, 겉면'처럼 혹은 '먹으면 좋겠다!'처럼 '면'자가 있다고 해서 다 국수가 아님을 깨닫는 시행착오도 겪게 해야 합니다. 그 구분을 위해서 '라면, 냉면, 짜장면'의 면은 '국수 면(麵)'이고 '얼굴 면(面)'과는 다른 한자로 표기한다는 것을 가르쳐야 합니다. 그렇게 낱말들을 지지고 볶으면서 어떤 소리가 어떤 뜻과 짝짓는지 확인하고 잘 갈무리하여 나만의 어휘 그물을 만들어야 합니다. 저는 이렇게 하는 것이 한자어를 제대로 익히는 지름길이라 믿습니다.

『한자 어휘 바탕 다지기』는 초등학생들의 한자어 사용 능력을 제대로 기르기 위한 프로그램입니다. 국어 어휘의 상당 부분을 차지하고 있는 한자어를 능숙하게 마음대로 부려 쓰기를 바라며 기초를 마련하고 다지기를 목표로 합니다.

이 프로그램에서 **다루게 될 제재이며 대상이 되는 한자 어휘**들은 『등급별 국어교육용 어휘』(김광해 서울대 국어연구소, 2003), 『국립국어연구원 교육용 어휘』 목록을 활용하여 골랐습니다. 여기에 『표준국어대사전』(국립국어원,)과 『초등국어사전』을 두 번째 그물로 써서 다시 골랐습니다.

건져 올린 **한자어와 한자들은 주제별로 묶어 재편성**했습니다. 아이들의 사회화 과정에 따른 언어 발달 양상에 맞춰, 의미가 구체적인 어휘에서 추상적인 어휘로, 친숙한 어휘에서 낯선 어휘 순으로 늘어 놓았습니다.

한자는 가능한 **4급(어문회 검정 기준 1,000자) 범위**를 벗어나지 않도록 하였습니다. 그러나 아이들이 받아들이기에 충분하고 이 프로그램의 편성 의도와도 맞다고 판단되는 극히 일부 한자의 경우는 4급 한자를 벗어나는 경우도 있습니다. 사용 빈도순으로 만들었다는 급수한자시험의 급수 기준에 애매한 측면이 있기 때문입니다.

한자의 쓰임과 활용 그리고 이 과정을 수행해야 하는 이유나 동기 따위를 상징적이고 신화적인 이야기로 덧입혀 보았습니다. 한글과 한자를 상징하는 캐릭터를 등장시켜 마치 한글과 한자가 '실체와 그림자'의 관계와 같고, 그 주객 관계가 뒤바뀌었다는 것에 착안한 것인데, 아이들에게 국어 공부의 친근함을 주고 싶었던 저의 바람 때문입니다.

모쪼록 이 프로그램이 기존 한자 학습에서는 제시할 수 없었던 아이들의 국어 어휘력 향상에 보탬이 될 수 있기를 희망합니다.

박현창

한자 어휘를 공부하기 위해 알아둘 것들

1. 한자의 훈(뜻) 다루기

한자 교육에서 가장 골머리를 앓고 있는 것이 한자의 대표 훈(뜻)을 정하는 것입니다. 이 프로그램에서 낯설 게 느껴지는 학습 내용 대부분은 바로 대표 훈(뜻)의 문제로 비롯되는데 다음과 같은 3가지 문제가 있습니다.

첫째는 훈(뜻)이 현대에서는 비속어로 바뀌거나 거의 사어가 된 것입니다. 대표적인 예 로 '놈 자者'가 있습니다. 이를 곧이곧대로 풀어 익히다 보면 문제가 있지요. 예컨대 '저자'를 '글 쓴 놈'이라고 해석하는 곤란한 상황이 발생합니다. 언제부턴가 '계집 녀女'를 '여자 녀女'라고 바꾸어 가르치지만 아직도 대표 훈은 '계집'입니다. 이처럼 대표 훈이 바뀌지 않은 한자가 많은 것 이 현실입니다. 이 프로그램에서는 '놈 자'를 '(~하는) 이 자'로 다루고 그에 따른 설명을 하였습니다. '女'는 '여자 녀'로 제시하는 등 현재 우리 감각에 맞도록 풀이했습니다.

둘째는 훈(뜻)이 음과 같은 경우입니다. 동어 반복되는 꼴로서 예를 들면 '법 법法'이나 '쾌 할 쾌快' 따위 등이지요. 이 프로그램에서는 일상적으로 많이 쓰이는 낱말을 통해 조금 더 편하게 설명했습니다. '경쾌' '쾌활' 등의 낱말을 통해 '기뻐할 쾌快'로 풀이한 것이지요. 그러나 쾌감(快感:시원한 느낌) 등의 낱말은 '시원할 쾌快'라는 설명을 덧붙여 뉘앙스의 차이도 놓치지 않았습니다.

셋째는, 훈(뜻)이라는 것이 이름에 걸맞지 않게 그 한자가 쓰인 한자어 풀이에 충분하지 않은 경우입니다. 아들 子가 대표적입니다. 사자(獅子)는 '사자 아들'이고, 모자(帽子)는 '쓰개 아들'이라 풀이할 수는 없는 노릇입니다. 그래서 이러한 한자어나 한자들은 상대적으로 많은 지면을 할애해 자원과 함께 다루어 구분하였습니다.

2. 한자 쓰기는 최소화

이 프로그램에서 한자 쓰기는 최소화했습니다. 한자 쓰기나 획순은 아이들에게 기억의 수단이나 장치로서 유익함보다는 귀찮고 성가신 것이 되기 일쑤입니다. 그래서 이 프로그램은 한자 쓰기보다 그 의미를 이해하는 데 초점을 맞추었습니다. 획순도 일반적인 획순 익히기가 아니라 한붓그리기 형식까지 도입했습니다. 아이들이 한붓그리기라는 느낌으로 쓰다 보면 한자가 한결 수월하게 느끼리라 기대합니다.

일부 활동에는 이 책의 목표인 급수 시험 4급 범위를 넘어가는 한자들이 종종 나옵니다. 묘하게도 모양이 흡사해서 헷갈리기 딱 좋은 한자들입니다. 해당 단원에서 배우는 한자를 구별해 찾아내라는 의미이지 그 뜻까지 알아내라는 것은 아니니 애써 알려고 할 필요는 없습니다.

핵심 한자를 이용한 재밌는 활동으로 아이의 어휘력은 폭풍 성장!

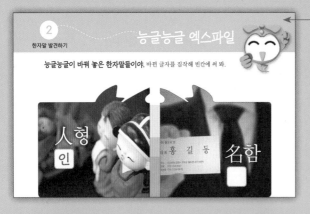

STEP 1
낱말에서 한자 발견하기

인형은 사람 인(人), 모양 형(形)이지요. 인형의 인이 사람이라는 뜻의 인이라는 사실을 발견하는 것, 새로운 한자 학습의 시작입니다.

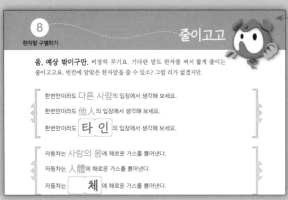

STEP 2
우리말이 압축 번역되는 원리 이해하기

우리말과 한자의 관계를 파악하고, 한자를 사용하면 좀 더 간단하고 압축적으로 표현할 수 있다는 것을 알게 됩니다.

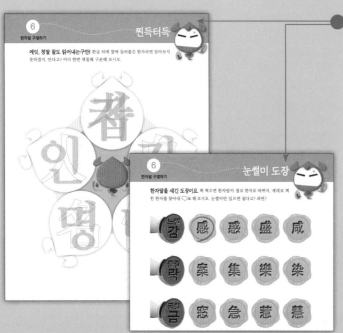

STEP 3
한자 식별하기

한자 학습의 흥미를 떨어뜨리는 것이 무작정 쓰기 방식입니다. 이 책에서는 색칠하고 구별하는 다양한 활동을 제시합니다. 한자를 좀 더 친근하고 쉽게 이해할 수 있습니다.

STEP 4

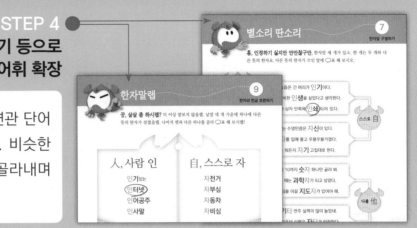

유사 단어, 틀린 단어 찾기 등으로 어휘 확장

다양한 문장, 장면 속에서 연관 단어들을 함께 제시하였습니다. 비슷한 것끼리 묶거나 틀린 것을 골라내며 어휘력을 높일 수 있습니다.

STEP 5

한자의 다양한 갈래를 활용해 어휘 확장

한자의 자원(字源)과 파생된 여러 가지 뜻을 함께 제시했습니다. 한자의 원형과 관련된 뜻을 이해하면 어휘력은 두 배, 세 배로 확장됩니다.

STEP 6

한자도 재밌게 써 보면서 마무리

아이들이 한자를 싫어하는 가장 큰 이유는 무의미한 쓰기 반복 때문입니다. 떼지 않고 그리는 한붓그리기 등으로 놀이하듯 한자를 쓰면서 힘들지 않게 한자를 배울 수 있습니다.

STEP 7

탄탄한 해설은 어휘력 향상의 마침표

새로 나온 단어에 대한 상세한 해설, 연관 단어에 나온 한자에 대한 설명, 자원 해설 등 학습에 필요한 제반 지식을 제공하여 어휘력을 한 단계 높여줍니다.

책을 받은 친구에게 📖

안녕, 난 **한글 도깨비 뎅글뎅글**이야!

난 한글에 깃들어 사는 도깨비야. 너희가 한글을 읽고 쓸 때마다 늘 함께 있지.
정말이냐고? 글을 죽죽 잘 읽어나가는 소리나 모양을 '뎅글뎅글'이라고 하거든.
그게 다 내 이름에서 나온 말이야.
우리말 가운데는 한자로 이루어진 한자말이 많아. 너희도 뎅글뎅글 읽을 수 있지.
산, 강, 과자, 연필, 학교, 실내화처럼.

그런데 한글이 한자로 바뀌고 있어!

山, 江, 菓子, 鉛筆, 學校, 室內靴로!
길거리의 건물, 가게 간판, 책 표지, 광고, 학용품이나 과자 봉지까지. 한자말이
쓰였다면 작은 물건이건 커다란 건물이건 가리지 않고, 사람들이 다 잠든 한밤중에.

한글도깨비 뎅글뎅글
쉬운 말을 씀.
말이 좀 긴 게 흠.

한자로 쓰인 말들이 잘 안 보인다고?

어휴, 내가 닥치는 대로 다시 한글로 되돌려 놓기 때문이야. 한글로 되돌리지
않으면 한자가 널리 쓰일 테고, 그럼 한글도깨비인 난 사라져 버릴 수도 있잖아?
그래서 안간힘을 다해 막고 있어.

이 고약한 짓은 **한자 도깨비** **능글능글**이 벌이는 거야.

능글능글은 한자에 깃들어 사는 도깨비야. 오랫동안 사람들이 한자로 자기 뜻을
나타내는 걸 보고 살았지. 한글이 없을 때 우리말은 한자로 나타냈어.
하늘은 **天**, 나무는 **木**, 바람은 **風**, 이렇게 썼지.
그런데 한글이 만들어졌잖아. '하늘' '나무', '바람'처럼 우리말을 오롯이
한글로 나타낼 수 있었어. **天**(하늘)이나 **川**(냇물)처럼 뜻이 다른 한자도,
踐(밟다), **淺**(얕다)처럼 복잡한 한자도 '천'이라고 쉽게 쓸 수 있게 되었지.

한자도깨비 능글능글
긴 말을 짧게 함. 어려운 말로 잘난 척이 흠.

능글능글은 걱정이 되었어.

'천'이라고만 쓰면 하늘(天)인지, 1,000(千)인지, 냇물(川)인지 제대로 알 수 있을까?

'모자'라고 하면, 머리에 쓰는 모자(帽子)인지 엄마랑 아들이라는 모자(母子)인지

제대로 알까?

제대로 알려준답시고 세상의 한자말을 한자로 바꿔 버린 거야.

"한자를 써야 뜻을 정확하게 알 수 있어. 그래야 세상 만물을 제대로 알고, 내 뜻을

남한테 전하고, 남의 말도 잘 알아듣지."하면서 안달복달이야.

나는 밤이면 밤마다 능글능글이 바꾼 한자를 한글로 바꿨어.

근데 내일 밤이면 능글능글이 또 휙 바꿔버릴 거잖아.

도대체 어떻게 능글능글이 이런 짓을 못 하게 하지?

나는 궁리에 궁리를 거듭 했어.

한자도깨비를 안심시켜 주면 돼!

우리가 한자도깨비에게 낱말 속 한자의 뜻을 잘 알고 가름할 수 있다고 알려주면 되는 거야.

우리는 천 일이라고 하면 1,000개의 날, 세상'천지'라고 하면 하늘과 땅,

청계'천'이라고 하면 냇물이라는 뜻이라는 걸 알잖아?

한글로도 세상의 일들을 충분히 나타낼 수 있다는 걸 알게 되면 능글능글이는

다시는 너희가 읽은 한자말을 건드리지 않을 거야!

너희가 벌써부터 알고 있는 낱말의 뜻을 곰곰이 생각해 보면 다 알 수 있어.

물론 능글능글이 가만있지는 않을 거야.

너희가 한자말을 정말로 뎅글뎅글 읽어내는지 따지고 딴지를 걸 거야.

내가 도와줄게. 나는 한글로 세상 모든 것을 나타내는 것을 돕는 도깨비니까.

어때, 나와 함께 나서 보지 않을래?

자, **능글능글**의 수작을 함께 물리쳐 보자고!

차례

活 살 활

居 살 거

息 숨 쉴 식

命 목숨 명

住 살 주

첫째 주
생활

생활에 대한 능글능글 한자말을
뎅글뎅글 읽어내자.

능글능글한 자

능글능글 사건 현장으로 출발! 그 전에 몸 좀 풀까? 주어진 낱말과 뜻풀이에서 공통점을 찾아 빈칸에 써 보자.

 활동
살아 움직임

 활기
살아 있는 기운

 활력
살아 움직이는 힘

활 이란 글자가 있어.

살 **다** 란 뜻이 있어.

 활은 '살아 움직이다', '생기가 있다'는 뜻이야.

 휴식
하던 일을 멈추고
잠시 쉼

 안식
몸과 마음이
편안하게 쉼

 질식
숨을 쉴 수 없게 됨

이란 글자가 있어.

다 란 뜻이 있어.

 식은 '쉬다'라는 뜻도 '숨을 쉬다'란 뜻도 있어.

 주민
일정한 곳에
사는 사람

 주택
사람이 살 수 있도록
지은 집

 주소
사는 곳

란 글자가 있어.

다 란 뜻이 있어.

 주는 ~에 살다, 거주하다란 뜻이 있어.

 생명
살아 있는 목숨

 수명
타고난 목숨

 구명조끼
물에서 몸을 띄워
목숨을 구하는 조끼

이란 글자가 있어.

이란 뜻이 있어.

 거주
일정한 곳에
머물러 사는 것

 거실
가족들이 모여
사는 공간

 거처
살거나 묵는 장소

란 글자가 있어.

다 란 뜻이 있어.

 거도 ~에 살다, 거주하다란 뜻이 있어.

능글능글이 아파트 광고에 손을 대었네.! 뎅글뎅글 읽어낼 수 있지? 바꿔 놓은 글자를 짐작해 빈칸에 써 봐.

굉장히 편한 住택

생活의 변화 새로운 居주

꿈의 안息처

사命감을 갖고 짓습니다

(주)튼튼건설

휙휙 한자말

흥, 정말 읽어낼 수 있는 거요? 낱말에서 같은 한자를 휙휙 바꿔 버렸소.
내가 바꾼 한자를 읽을 수 있겠소? 어디 한번 빈칸에 써 보시오.

생活
매일매일
살아감

부活
죽었다 다시 살아남

사活
죽기와 살기

거住
일정한 곳에
머물러 사는 것

이住
다른 곳으로
옮겨 사는 것

안住
자리를 잡고
편안히 사는 것

居실
가족들이
모여 사는 공간

居주
일정한 곳에
머물러 사는 것

居처
살거나 묵는 장소

탄息
슬프고 답답해
한숨을 내쉼

천息
심한 기침이 나고
숨이 가빠지는 병

질息
산소가 모자라
숨이 막히는 것

인命
사람의 목숨

단命
짧은 목숨,
오래 살지 못함

수命
사람이나
생물의 목숨

그렇다면 말이야

제법 글 좀 보시는구만. 그렇다면 내가 바꾼 글자를 읽어 낼 수 있는지 좀 더 따져 봅시다. 빈칸에 알맞은 글자를 써 보시오.

생活은 **생활**이고, 매일 **살다**
부活은 **부활**이고, 다시 **살다**
活동은 활동이고, **살아** 움직이다

活은

□ 이라 읽고

살다라는 뜻

생命은 **생명**이고, 살아 있는 **목숨**
인命은 **인명**이고, 사람의 **목숨**
구命은 **구명**이고, **목숨**을 구함

命은

□ 이라 읽고

목숨이라는 뜻

동居는 **동거**이고, 한곳에 같이 **살다**
별居는 **별거**이고, 서로 떨어져 **살다**
주居는 **주거**이고, 한곳에 자리 잡고 **살다**

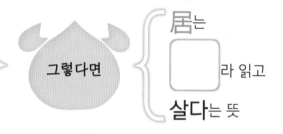

居는

□ 라 읽고

살다는 뜻

휴息은 **휴식**이고, 일하다 잠시 **쉬다**
안息은 **안식**이고, 편안하게 **쉬다**
탄息은 **탄식**이고, 한숨을 **쉬다**

息은

□ 이라 읽고

쉬다라는 뜻

住민은 **주민**이고, 한곳에 자리잡고 **사는** 사람
住택은 **주택**이고, 사람이 **사는** 집
住소는 **주소**이고, **살고 있는** 곳

住는

□ 라 읽고

살다는 뜻

능글능글 두리둥실

끙, 이번에 두리둥실로 한번 해 봅시다. 한자의 뜻과 소리를 외면 글자 모양을 내는 마법의 실이요. 실뭉치 빈칸에 알맞은 한자의 소리를 써 보시오.

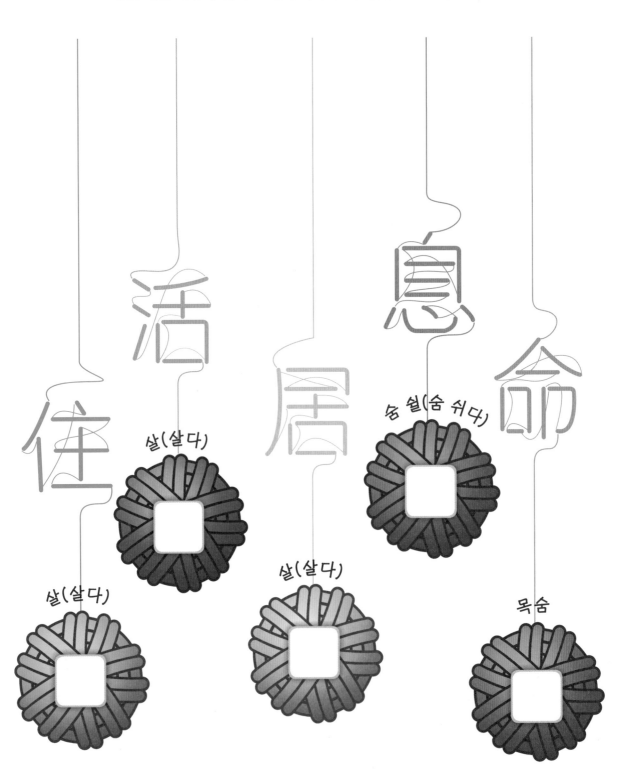

한자 조롱박

한자를 넣어 둔 조롱박이요. 마개를 열면 여러 한자가 함께 나오지. 조롱박의 뜻과 소리에 알맞은 것을 골라 ◯표 해 보시오.

他 位 住 代

居 展 屈 屋

江 決 治 活

令 命 金 今

恩 息 忠 惡

살 [거]

목숨 [명]

살 [주]

살 [활]

(숨)쉴 [식]

똑소리 생소리

만만찮구만. 하지만 아직 멀었소. 한자를 내 보이겠소. 그 한자가 쓰이지 '않은' 낱말을 골라 ◯표 해 보시오. 엉뚱한 생소리를 똑소리 나게 골라 보란 말이오.

호랑이는 밤이 되자 **활동**을 다시 시작했다.

물건을 되살려 이용하는 것을 **재활용**이라 한다.

조선의 태조 이성계는 **활쏘기**에 능했다.

여러분, 전할 말이 있으니 **주목**해 주세요.

주민들의 목소리에 귀를 기울이겠습니다.

주소는 맞지만 여기에는 그런 사람이 살지 않아요.

아직 **거실**에 불이 켜져 있는데?

아무래도 **거처**를 옮기는 것이 좋겠어요.

그 사람은 키가 2미터가 넘는 **거인**이었어요.

저는 **음식**을 가리지 않는 편이에요.

고향에서 **안식**을 찾을 수 있었습니다.

10분 **휴식** 뒤 다시 훈련을 시작하겠습니다.

신제품은 예전 것보다 **수명**이 3년이나 더 길어요.

배에 탈 때는 반드시 **구명조끼**를 입어야 합니다.

새로 산 카메라를 쓰기 전에 **설명서**를 잘 읽어라.

아이고, 또 당했구만. 줄이고고도 할 수 있소? 기다란 말도 한자를 써서 짧게
줄여 쓸 수 있냐는 말이요. 빈칸에 알맞은 말을 써 보시오.

갑자기 **살아 있는 힘**이 온몸에 샘솟는 느낌이었다.

갑자기 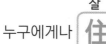 活力 이 온몸에 샘솟는 느낌이었다.

갑자기 | 력 |이 온몸에 샘솟는 느낌이었다.

이번 홍수는 많은 **사람의 목숨**과 재산을 앗아갔다..

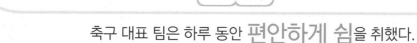
이번 홍수는 많은 人命 과 재산을 앗아갔다.

이번 홍수는 많은 인 과 재산을 앗아갔다.

누구에게나 **살아갈 집**은 꼭 필요합니다.

누구에게나  住宅 은 꼭 필요합니다.

누구에게나 택 은 꼭 필요합니다.

축구 대표 팀은 하루 동안 **편안하게 쉼**을 취했다.

축구 대표 팀은 하루 동안 休息 을 취했다.

축구 대표 팀은 하루 동안 휴 을 취했다.

친구와 **같이 사는** 기간이 길어지면 싸움도 잦아진다.

친구와 同居 기간이 길어지면 싸움도 잦아진다.

친구와 동 기간이 길어지면 싸움도 잦아진다.

믿을 수가 없구만. 그래도 '쉴 息'의 숨겨진 뜻을 다 알지는 못할 거요. 息의
마인드맵을 살펴보고 숨 쉬다, 쉬다, 살다는 뜻을 빈칸에 알맞게 써 보시오.

숨

코와 심장의 모습을 본뜬 글자.
옛사람들은 코로 들이킨 숨이
심장으로 들어간다고 생각함

息

□□**다**

코로 숨을 들이키면
가슴이 불룩해지니까
'숨을 쉬다'를 뜻하게 됨

□**다**

일을 하다 가빠진 숨을 쉬면,
일을 멈추고 '쉬게' 되니까

□□

멀리 있는 이에게 사정을 알리는 것이
숨이 닿는 것과 같다 해서
'소식'을 뜻하게 됨

□**다**

숨을 쉬는 것은
곧 '사는 것'이니까

설마, 까다로운 '息'의 뜻을 구분한단 말이오? 믿을 수 없소. '息'의 여러 뜻을 알맞은 낱말과 이어 보시오.

쉬다

기쁜
소식

살다

아이고, 휴
탄식

숨 쉬다

편안한
휴식

알림

깃들어 사는
서식

흥얼흥얼 흥미로운

얕볼 수 없구만. 흥미로운 한자말 흥얼흥얼을 해 봅시다. 한자를 내보이지. 그 한자가 쓰인 낱말을 골라 ◯표 해 보시오.

활활 살 [활]	얄미운 건 교**활**	신나는 건 특**활**	매끈한 건 윤**활**
	얄미운 건 狡猾	신나는 건 特活	매끈한 건 潤滑

식식 쉴 [식]	숨이 탁 질**식**	목이 탁 음**식**	무릎을 탁 지**식**
	숨이 탁 窒息	목이 탁 飮食	무릎을 탁 知識

주주 살 [주]	헛살았다 지난**주**	잘살겠다 공**주**	못 살겠다 이**주**
	헛살았다 지난週	잘살겠다 公主	못 살겠다 移住

명명 목숨 [명]	으악으악 비**명**	으앙으앙 생**명**	으쓱으쓱 유**명**
	으악으악 悲鳴	으앙으앙 生命	으쓱으쓱 有名

거거 살 [거]	뽑고 보는 선**거**	돌아보는 과**거**	살고 보는 주**거**
	뽑고 보는 選擧	돌아보는 過去	살고 보는 住居

긴 뜻 짧은 말

이거 예상을 뛰어넘는구만. 그렇다면 색칠한 말을 간단한 한자말 하나로 바꿀 수 있소? 같은 글에 숨은 답을 찾아 ◯표 해 보시오.

아무리 생각해도 **살아 나갈 수 있는 길**이 없어. 하늘이 무너져도 솟아날 길이 있다잖아. 분명히 (활로)를 찾아 낼 수 있을 거야.

윤동주는 백 년 전 간도로 **옮겨 가서 살았던** 사람의 후손이야. 그때는 살기가 어려워 나라 밖으로 이주하는 사람이 아주 많았거든.

우리 이웃에도 **혼자 사는 노인**이 많아요. 주민 센터에서는 독거노인 돌보미 자원봉사자를 구하고 있지요. 나도 자원해 볼까?

올해는 가뭄이 너무 너무 심합니다. 탄식이 절로 나와요. 그렇지만 **한숨만 쉬고** 있으면 어떡하겠어요?

고객님, 주소를 알려 주시면 저희가 선물을 보내 드릴게요. 제가 새로 이사를 해서 **사는 곳**을 잘 몰라서요, 잠깐만요.

그때는 정말 **목숨을 이어가는 것**이 무엇보다 중요했지. 물고기를 잡아 겨우 연명할 수 있었어.

어이쿠, 이렇게나 잘 하다니. 어디, 소리만 같지 뜻은 전혀 다른 한자말도 가려낼 수 있겠소? 내보인 낱말과 문장을 알맞게 연결해 보시오.

바다에는 많은 동물이

여기 이

서식 書式 〈글 법〉

서식 棲息 〈깃들일〉

하고 있습니다.

을 보고 똑같이 쓰시면 됩니다.

고향을 떠나 다른 나라에

비가 오면 할아버지는

안주 按酒 〈누를 술〉

안주 安住 〈편안할〉

하였다.

거리와 막걸리를 찾으셨다.

불구덩이 속에서

이 책에는 여러

인명 人命

인명 人名

을 구했습니다.

을 한자로 써 놓았습니다.

요즈음 건강을 위해

서울에 도착하거든 바로

소식 消息 〈사라질〉

소식 小食 〈작을 먹을〉

하는 사람들이 늘고 있다.

을 전해야 한다.

옛사람 한자말

참 잘하는구만. 그렇다면 옛 사람들이 쓰던 한자말도 한번 보겠소? 빈칸에 알맞은 글자를 써서 한자말을 완성해 보시오.

눈을 한 번 깜짝하거나 숨을 한 번 쉴 만한 아주 짧은 동안.

눈 깜짝할 순
숨 쉴 식
사이 간

瞬 息 間
순 　 간

영화의 옛말. 살아 움직이는 사진이라는 뜻.

흑백영화가
처음 나왔을 때
부르던 말

活 動 寫 眞
동 사 진

멀리 있는 사람의 연락이 전혀 없는 상태. '무소식'과 같은 말.

'감감'은
어떤 사실을
전혀 모르거나
잊은 모양

無 消 息
감 감 무 소

잘했어! 앞에서 읽어낸 한자말은 능글능글이 더 이상 손대지 못할 거야. 한자말의 뜻과 소리를 외면서 한자를 획획 쓰면 확실히 그렇게 되지.

丿 亻 亻 亻 个 仁 住 住

住　住　住

살
주

그 그 尸 尸 尸 尸 居 居

居　居　居

살
거

丿 人 스 스 合 合 合 命 命

命　命　命

목숨
명

丶 丶 氵 氵 氵 汗 汗 活 活

活　活　活

살
활

한번에 그릴 수 있어!

丶 亻 冂 自 自 自 自 息 息 息

息　息　息

숨 쉴
식

농

農 농사

工 장인 공

業 일 업

商 장사 상

事 일 사

일

둘째 주
일

일에 대한 능글능글 한자말을
뎅글뎅글 읽어내자.

능글능글한 스타일

이번엔 일 한자를 찾으러 가 보자. 주어진 낱말과 뜻풀이에서 공통점을 찾아 빈칸에 써 봐. 일도 아니지?

농사를 짓는 사람 → 농**부** →

농사를 짓는 사람들이 모여 사는 시골 마을 → 농**촌** →

농사지을 땅과 시설을 갖추고 농사일을 하는 장소 → 농**장** →

농 사
[농]

장사를 하는 사람 → 상**인** →

장사하기 위해 만들거나 다른 곳에서 산 물건 → 상**품** →

상품을 놓고 팔고 사는 장사를 하는 곳 → 상**점** →

나무로 물건을 만드는 장인 또는 그런 일 → 목**공** →

돌을 다루어 물건을 만드는 장인 → 석**공** →

흙으로 그릇을 만드는 장인 → 도**공** →

학교에 다니면서 공부하는 일 → 학**업** →

생활을 꾸리기 위해 일정하게 하는 일 → 직**업** →

목적을 갖고 정해진 계획에 따라 하는 일 → 작**업** →

사람의 끼니가 되는 음식이나 그것을 먹는 일 → 식**사** →

여럿이 목적과 계획에 따라 하는 일 → 행**사** →

집안 살림살이에 필요한 여러 가지 일 → 가**사** →

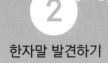

능글능글 일리베이터

능글능글이 어느 빌딩의 엘리베이터 안내판에 손을 대었네. 뎅글뎅
글 읽어낼 수 있지? 바꿔 놓은 글자를 짐작해 빈칸에 써 봐.

변호사 事무실 6F ☐

☐ 고려工예 5F

㈜우리農산물 4F ☐

☐ 국제商선 3F

미래실業 2F ☐

식당가 B1

관리사무실 B2

헬리베이터 아니죠. 일리베이터라네!

한자말 딴판 간판

어렵지 않았다고? 흥! 일에 대한 한자말이 쓰인 간판들이요. 공통된 한자를 획획 바꿔 놓았지. 바뀐 한자를 빈칸에 써 보시오.

| 農약 | 農협 | 農민 | ☐ |
| 해충 잡초를 없애요 | 농업 협동조합 | 농사가 직업인 사람 | |

| 工구 | 工업 | 工사 | ☐ |
| 망치, 칼, 자 | ○○ 단지 | 주의! 도로 ○○ 중 | |

| 商품 | 商가 | 商표 | ☐ |
| 사고파는 물건 | 가게들이 죽 늘어선 | ○○ 브랜드 | |

| 부業 | 취業 | 졸業 | ☐ |
| 아르바이트 | 일자리 | 2월 ○○식 | |

| 경事 | 매事 | 무事 | ☐ |
| ○○났네 ○○났어 | 낱낱의 모든 일 | 안전, 편안, 안녕 | |

못하는 게 없구만. 그렇다면 한자말 분자식도 해 보시오. 빈칸에 알맞은 글자를 써 보시오.

농사를 지어 생산한 물건

☐ ☐ 물
農 産 物

낡은 물건을 사고파는 장사나
그런 가게

고 물 ☐
古 物 商

특정한 기술을 가진
숙련된 노동자, 장인

기 능 ☐
技 能 工

간단한 도구를 써서 손으로
물건을 만드는 장인의 일

수 ☐ ☐
手 工 業

큰 사업을 전문적으로
하는 사람

☐ ☐ ☐
事 業 家

한자 바꿔버린터

에구 만만찮구만. 이번엔 '바꿔버린터'요. 한글은 한자로, 한자는 한글로 찍혀 나오지. 좌우에서 반쪽씩 바뀐 한자를 한글로 써 보시오.

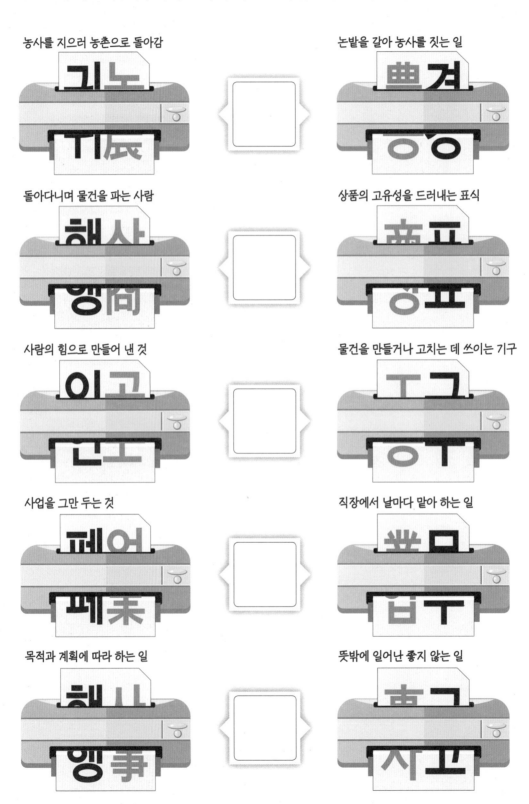

농사를 지으러 농촌으로 돌아감

논밭을 갈아 농사를 짓는 일

돌아다니며 물건을 파는 사람

상품의 고유성을 드러내는 표식

사람의 힘으로 만들어 낸 것

물건을 만들거나 고치는 데 쓰이는 기구

사업을 그만 두는 것

직장에서 날마다 맡아 하는 일

목적과 계획에 따라 하는 일

뜻밖에 일어난 좋지 않는 일

추리창 유리창

흠, 잘도 알아보는구만. 그럼 내가 읊는 뜻과 소리에 맞는 한자를 모조리 찾아 색칠해 보시오. 마지막 한자 하나는 눈을 크게 떠야 할 거요, 으하하하!

일	장사	일	농사	장인
사	상	업	농	공

末	束	正	三	高	文	市
來	商	事	農	商	業	六
王	東	葉	事	案	票	果
京	曲	主	商	票	豊	育
申	六	葉	業	京	高	向
上	業	事	農	農	商	豊
案	束	東	市	來	三	充

알맞은 한자를 다 찾으면 마지막 한자가 보일 거야.

대단하구만! 한자 하나를 내보이겠소. 내보인 한자가 쓰이지 '않은' 낱말을 골라 ◯표 해 보시오.

호미, 낫, 트랙터

북, 장구, 꽹과리

덩크 슛

고치는 솜씨

영화의 주연

기술자

목장

큰 회사

씨름, 유도

일 하는 곳

눈짓

봄, 여름, 가을, 겨울

생일잔치

길거리에서 팔아

뭐든 다 팔아

깜놀이요. 그럼 긴 말도 짧게 줄여쓰는 줄이고고요. 왼쪽의 긴 말을 한 낱말로 줄일 수 있소? 필요한 한자를 고르면 낱말이 되지만, 쉽지 않을 거요.

농사를 위해
땅을 **갈아**
논밭으로 만든 **땅**

물건을
소비자에게 **조금씩**
파는 장사

생산 분야에서 특별한
재주와 **능력**을
가진 **장인**

손으로
직접 만들거나
지어야 하는 **일**

(국회)의원들이
모여 **일**을
의논하는 **집**

으허헉, 이리 잘하다니! '○자로 끝나는 말은' 노래도 부를 수 있소? '○자로 끝나는 말' 가운데 주어진 한자로 끝나는 것을 찾아 ○표 해 보시옷!

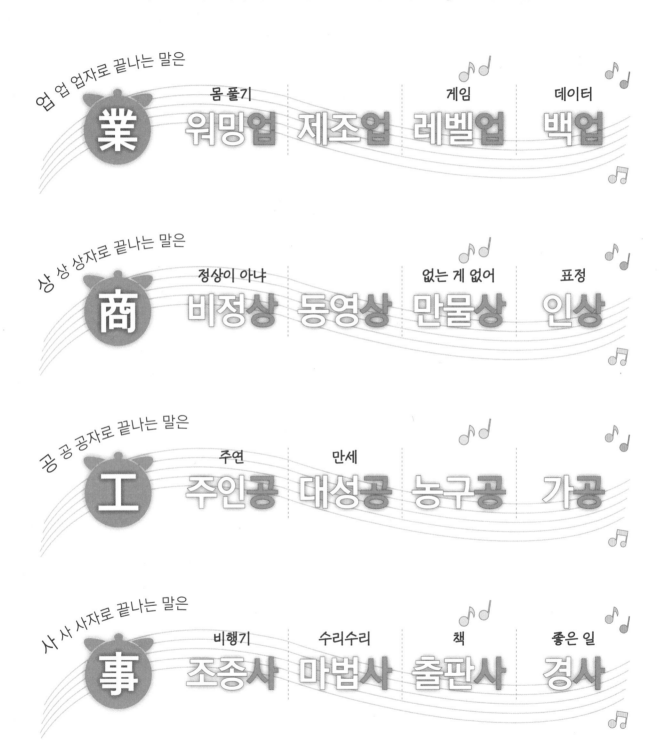

하나를 알면 둘을

하나를 알더니 둘도 아는 거요? 그렇다면 빈칸의 한자말이 무엇인지 알겠소? 안다면 빈칸에 알맞게 써 보시오. 제발 하나만 알고 둘은 모르기를.

한 시에 살고 있는 사람은 **시민**

한 나라를 이루는 사람은 **국민**

일정한 곳에서 사는 사람은 **주민**

그렇다면

농사짓는 사람은

사물을 잘 다루는 재주는 **기술**

아름다움을 나타내는 재주는 **미술**

무사가 갖춘 재주는 **무술**

그렇다면

장사하는 재주는

학교를 처음 여는 것은 **개교**

모임이나 행사를 여는 것은 **개회**

연극에서 막을 여는 것은 **개막**

그렇다면

일을 처음 여는 것은

한 집안을 이루는 사람들은 **가족**

집안 살림에 쓰는 기구는 **가구**

집안 살림을 꾸려 나가는 형편은 **가계**

그렇다면

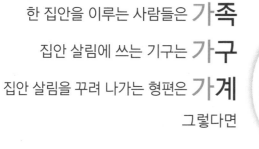

집안 살림을 하는 일은

잘도 해내는구만! 그럼 왼쪽 글에 표시된 낱말을 한자말로 바꿀 수도 있소? 오른쪽 글에 답이 되는 낱말이 숨어 있소. 찾아서 빈칸에 써 보시오.

이번 장마 때문에 **논밭**이 모두 물에 잠기고 말았습니다.

농사짓는 땅

안타깝지만 어쩔 수 없어요. 새로운 농지를 개간하는 수밖에.

화가 나서 집에 가려는 혜영이를 말려 보았지만 **헛일**이었어요.

헛된 일

그럼 어떡하니? 이번 계획은 모두 허사가 되는 것이야?

엄마, 누나가 **아르바이트**로 번 돈으로 내 신발을 사 준대요.

틈틈이 하는 일

이 녀석아, 너희 누나 부업하느라고 얼마나 고생인 줄 아니?

아니 그러면 그 탑 쌓는 **석수장이**가 댁의 남편이라는 말이오?

돌 다루는 장인

네. 남편 아비지는 백제에서 둘째가라면 서러운 석공이지요.

자, 모두 소금 **장수**로 변장하고 성 안으로 몰래 들어가는 거야.

장사하는 사람

뭐야, 그 옷차림은! 누가 상인이라고 보겠어. 다른 것으로 갈아입어.

별 볼 일

별 볼 일 없을 줄 알았더니! 좋소, 정말 별 볼 일 있게 해주겠소. 소리는 같아도 뜻은 다른 낱말들이오. 주어진 한자가 쓰인 낱말에 ◯표 해 보시오.

그는 **농구** 선수인지 전봇대처럼 키가 컸다.	봄이 오기 전에 **농구**를 손질해 두어야겠다.

이 가게 **상품**은 모두 천 원으로 같은 값이다.	황소를 **상품**으로 걸고 씨름 대회가 열렸다.

단순한 암기 능력보다는 **사고** 능력을 키워야 한다.	어젯밤 교통**사고**가 크게 나서 여러 명이 다쳤다.

사람이 **공사**를 마땅히 구별할 줄 알아야 해.	그 아파트는 지금 한창 **공사**가 진행되고 있다.

김 **기사**님이 목적지까지 안전하게 운행할 것입니다.	청소년 수련관에 대한 **기사**가 신문에 실렸다.

놀랍구려, 이렇게 잘 하다니. 그럼 꼬리에 꼬리를 무는 꼬물꼬물 한자말 끝말잇기를 해 보시오. 쉽지 않다고? 꾸물꾸물하겠구만, 으하하하.

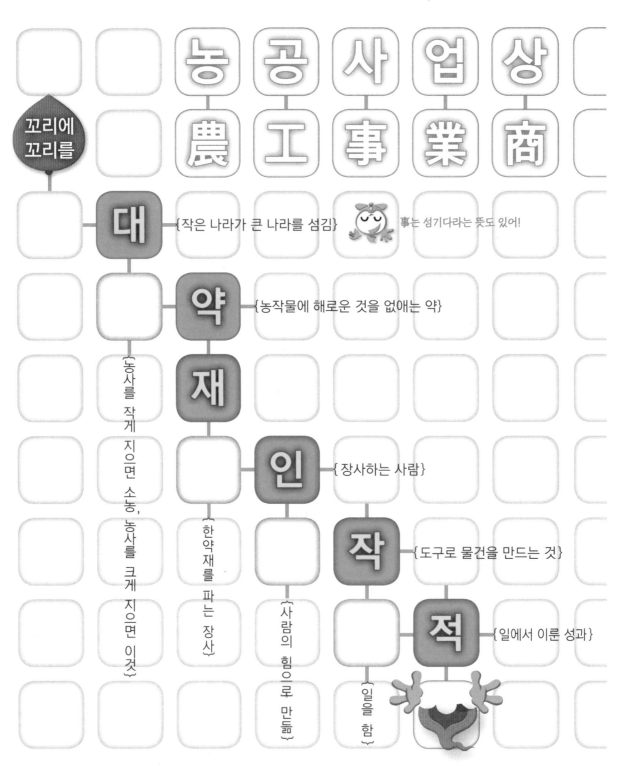

꼬리에
꼬리를

농 공 사 업 상
農 工 事 業 商

대 {작은 나라가 큰 나라를 섬김}   事는 섬기다라는 뜻도 있어!

약 {농작물에 해로운 것을 없애는 약}

재

인 { 장사하는 사람}

작 {도구로 물건을 만드는 것}

적 {일에서 이룬 성과}

{농사를 작게 지으면 소농, 농사를 크게 지으면 이것}

{한약재를 파는 장사}

{사람의 힘으로 만듦}

{일을 함}

옛사람 한자말

참 잘도 하는구만. 그럼 옛 사람들이 쓰던 한자말도 잘 알아보겠구랴. 빈칸에
알맞은 글자를 써서 한자말을 완성해 보시오.

원래는 스님들이 염불이나 참선하는 것. 학문이나 기술을 배우고 익힘.

장인과 남편?

工 夫
　 부

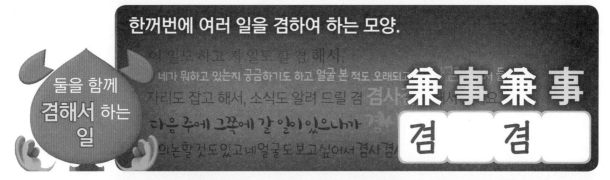

한꺼번에 여러 일을 겸하여 하는 모양.

둘을 함께
**겸해서 하는
일**

兼 事 兼 事
겸 　 겸 　

차를 마시고 밥을 먹는 일이라는 뜻. 예삿일, 흔한 일.

차! 밥! 일!

茶 飯 事
다 반 　

낙타나 말에 상품을 싣고 떼를 지어 먼 곳으로 다니며 장사하던 상인.

카라반!
무리지어
다니는 상인

隊 商
대

잘했어! 앞에서 읽어낸 한자말은 능글능글이 더 이상 손대지 못할 거야. 한자말의 뜻과 소리를 외면서 한자를 획획 쓰면 확실히 그렇게 되지.

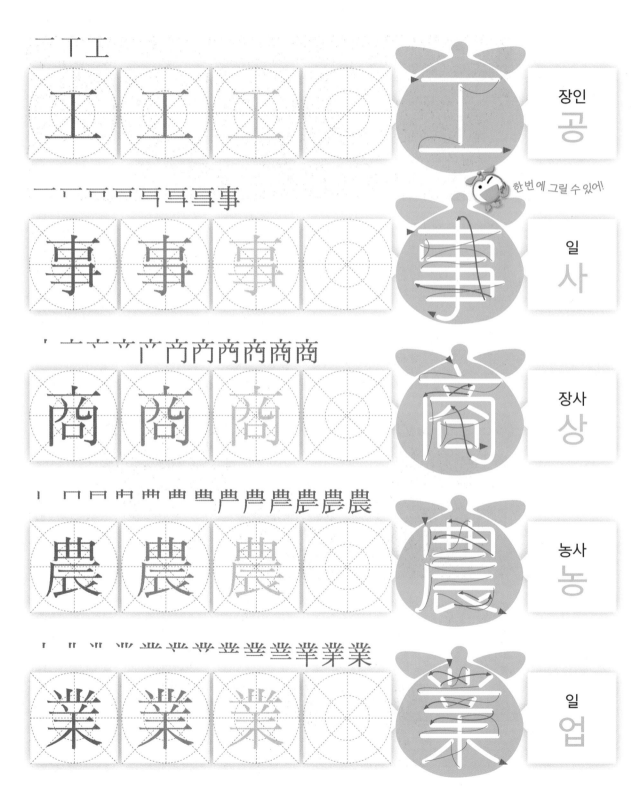

一T工

工 工 工

장인 공

一丁下戸亘亘事

事 事 事

일 사

한번에 그릴 수 있어!

丶亠产产产商商商商

商 商 商

장사 상

丨冂曲曲曲曲曲严严严農農農

農 農 農

농사 농

丨丬业业业业业业举業業

業 業 業

일 업

主 주인 주

客 손님 객

友 벗 우

各 각각 각

個 낱 개

셋째 주
사람들

사람들에 대한 능글능글 한자말을
뎅글뎅글 읽어내자.

능글능글한 자

능글능글 사건 현장으로 출발! 그 전에 몸 좀 풀까? 주어진 낱말과 뜻풀이에서 공통점을 찾아 빈칸에 써 보자.

스스로 주인 됨
자주 自主

성의 주인
성주 城主

땅의 주인
지주 地主

☐ 란 글자가 있어.

☐☐ 이란 뜻이 있어.

탈것을 타는 손님
승객 乘客

손님이 머무르는 방
객실 客室

축하하러 온 손님
하객 賀客

☐ 이란 글자가 있어.

☐☐ 이란 뜻이 있어.

벗 사이의 정
우정 友情

벗처럼 사이가 좋음
우호 友好

같은 학급의 벗
급우 級友

☐ 란 글자가 있어.

☐ 이란 뜻이 있어.

저마다 각각
각자 各自

각각의 갈래
각종 各種

각각의 빛깔
각색 各色

☐ 이란 글자가 있어.

☐☐ 이란 뜻이 있어.

낱낱의 사람
개인 個人

낱낱의 성질
개성 個性

다른 낱낱의 것
별개 別個

☐ 란 글자가 있어.

☐☐ 이란 뜻이 있어.

써조 부조

능글능글이 결혼식장 손님이 내놓은 부조 봉투에 손을 대었어. 이름을
한자로 슬쩍슬쩍 바꿔 버렸네. 바뀐 글자를 짐작해 빈칸에 써 줘.

主 치의 김 ○○

○○여 客 기사

해병 전 友 회

신랑 친구 各 자

個 인택시 조합

능글능글 신분증

3

음, 지금부터 제대로 해 봅시다. 신분증의 글자를 한자로 바꿔 놓았소. 어떤 글자인지 안다면 한글로 써 보시오. 이 정도는 해야 알아본다 하겠지?

主체
어떤 일이나 조직의
주인이 되는 것

主어
문장의 주인이 되는 말

主요
주인이 되거나 중요한 것

고客
가게에서 상품을
사는 손님

관客
공연을 구경하는 손님

하客
경사스러운 일을
축하하는 손님

友방
서로 친한 벗이 되는 나라

友정
벗 사이의 깊은 정

友호
서로 벗처럼 사이가 좋음

個월
낱낱의 달

個성
저마다 가진 낱낱의 성질

個체
전체나 무리에서 떼어놓은
낱낱의 것

各계
사회 각각의 여러 분야

各자
여러 사람을 각각
떼어 놓은 사람

各국
각각의 여러 나라

뜻 품은 한자말

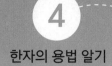

헛, 이렇게 쉽게 해내다니. 나는 아무 말이나 한자로 바꾸지 않소. 어떤 뜻을
품고 있는 글자만 바꾼다오. 주어진 뜻을 품고 있는 낱말을 가려 ◯표 해 보시오.

 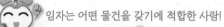 임자는 어떤 물건을 갖기에 적합한 사람!

| 주인 임자 **주** |  **주인공** |  **주름살** |  **주머니** |

| 벗 친구 **우** |  **여우** |  **우물** |  **전우** |

| 낱낱 하나 **개** |  **일개미** |  **개인기** |  **무지개** |

| 각각 각기 **각** |  **각시탈** |  **별생각** |  **가지각색** |

한자말 분자식

이거 원, 도대체! 한자말 짜임새도 알아보겠소? 한자말 분자식을 살펴보고, 빈 칸에 어떤 한자말이 들어갈지 한번 써 보시구랴, 흥!

임자
주 主 語 어
말씀

= 임자 主 주 어 어 말씀 語
"문장에서 임자가 되는 말"

= 주 主 임자 말씀 어 語
主 語

旅
여 旅 客 여행 손님 客
旅客 객

= 旅 여 여행 객 客 손님
"여행하는 손님"

= 여 旅 여행 旅 客 손님 객
客

사귈
교 交 友 우
벗

= 사귈 交 교 우 友 벗
"벗을 사귀는 것"

= 교 交 사귈 벗 우 友
交友 友

個
개 個 人 낱낱 사람 人
個人 인

= 個 개 낱낱 인 人 사람
"낱낱의 사람"

= 개 個 낱낱 個 人 사람 인
人

각각
각 各 國 각각 국
나라

= 各 각 각각 국 國 나라
"각각의 나라"

= 각 各 각각 나라 국 國
各國 國

다짜고짜 무대

뜻밖이구만! 내가 한자들을 다짜고짜 무대에 불렀소. 물론, 생김새가 비슷한 녀석들도 함께. 내가 소개하는 한자를 다짜고짜 골라내 보시겠소?

낱 개	信	俗	倍	個
임자 주	玉	主	王	全
손님 객	害	容	客	宮
벗 우	左	友	右	有
각각 각	各	名	否	告

과연 '임자 주'를 제대로 알고 있는 거요? 꽁꽁 숨겨둔 主 마인드맵이요. 마인드맵을 살펴보고, 主의 여러 가지 뜻을 써 보시오. 그럼 봐 주오!

심지

등잔불의 심지 모습을 본뜬 글자라 원래 '심지'를 뜻함

심지가 불꽃의 중심으로 이루니까 '중심'을 뜻하게 됨

심지가 등잔불을 쥐듯 힘이나 재물을 가진 이, '임자'나 '주인'을 뜻하게 됨

등잔불의 심지처럼, 자신의 생각에서 중심이 되는 '의견'이나 '결정'

옛날에 사람들 가운데 중심 되는 이가 임금이라 생각해 '임금'을 뜻하게 됨

알아主 넘겨主

으헉, 정말 이 주요한 '主'를 다 알아본단 말이오? 정말 그런지 확인해 봅시다. 주어진 뜻으로 쓰인 한자말을 골라 보시구랴.

{임자}

왕의 딸
공주

중심이 되어 움직여
주동

장례식
상주

{중심}

어떤 물줄기
주류

소작농과 ○○
지주

국민의 ○○
주권

{의견}

민주○○, 사회○○
주의

집○○
주인

중심이 되어 이끌어
주도

{임금}

생각, 관점
주관

왕
군주

공범과 ○○
주범

어흑, 정말 잘 하는군. 그럼 이것도 해 보시오. 한자를 내보이지. 고글 속 낱말 가운데 그 한자가 쓰이지 '않은' 낱말을 골라내 보시오.

그 형제는 형제 사이의 **우애**가 남달랐다.

두 친구는 오랫동안 **우의**를 다져왔습니다.

우주에는 수많은 별들이 있다.

아이들은 **주말**이라 신이 난 모양이었다.

요즘 옷들은 꽃무늬가 **주류**를 이룬다.

그는 이번 작품에 **주인공**을 맡아 열연한다.

똑같은 **개수**의 과자를 나누어 주세요.

여러분, **개인적** 행동은 삼가야 합니다.

아니 벌써, 내일이 **개학날**이란 말이야?

제 꿈은 세계 **각지**를 여행하는 것입니다.

각도는 좋았으나 공은 골대를 살짝 비껴갔다.

세면도구는 **각자** 챙겨 와야 합니다.

긴말짧게

이번엔 긴 말은 한자말로 짧게 바꿔버리는 '긴말짧게'요. 녀석이 게 눈 감

추듯 감춘 한자말을 두 눈에 써 넣어 보시오. 못 해? 그럼 댁의 말을 몽땅 잘라먹을 게요.

할 [위] **爲 主** 임자 } 무엇을 가장 중요한 것으로 함

요즘 학생들은 너무 시험 ⬜⬜ 로 공부하는 것 같아.

탈 [승] **乘 客** 손님 } 차, 배, 비행기 따위의 탈것을 타는 손님

이 버스에 타신 ⬜⬜ 여러분께 안내 말씀 드리겠습니다.

사귈 [교] **交 友** 벗 } 벗을 사귀는 것

그 친구와 한번 다투었다고 쉽게 ⬜⬜ 관계를 끊을 수는 없지.

다를 [별] **別 個** 낱 } 달라서 따로 다루어야 하는 낱낱의 것

글쎄, 아는 것과 실천하는 것은 ⬜⬜ 의 문제라고 생각해.

각각 **各 國** [국] 나라 } 각각의 나라

그 여행가는 세계 ⬜⬜ 의 독특한 풍물을 소개하는 글을 썼다.

한자말랩

맙소사, 이럴 수가! 에잇, 한자말 랩을 벌여 봅시다. 운으로 삼은 한자가 든 낱말을 골라 ◯표 해 보시구랴. 한자를 모르겠다고? 뜻을 생각해 보슈!

아등바등 **경주**　　우리 팀을 대표하는 **주장**　　아리랑 아라리오 **연주**

저 **영화배우**　　우리 학급 **급우**　　이게 무슨 **경우**

이 사람 저 사람 **소개**　　이거나 저거나 **대개**　　이것과 저것은 **별개**

몸매는 **조각**　　옷차림은 **감각**　　그러나 얼굴은 **제각각**

하나를 알면 둘을 깨치는 거요? 그럼 내가 한자로 바꾸려는 낱말이 무엇
인지 써 보시오. 안 배운 한자가 있다고? 못 하면 둘 다 모르게 되겠지, 뭐.

거처하는 방은 **거**실
잠을 자는 방은 **침**실
목욕하는 방은 **욕**실
그렇다면

손님이 머무는 방은

이야기할 문제는 **화**제
문제를 내는 것은 **출**제
집에서 풀어야 할 문제는 **숙**제
그렇다면

중심이 되는 문제는

겉으로 드러나는 정은 **표**정
사랑하는 정은 **애**정
애틋하고 참된 정은 **진**정
그렇다면

벗 사이의 정은

전체의 한 부분은 **일**부
안쪽의 부분은 **내**부
모든 부분은 **전**부
그렇다면

어떤 하나에 딸린
낱낱의 부분

말 옮겨 쓰기

이것도 할 수 있소? 내가 쓰던 원고요. 왼쪽 글의 { } 부분을 간단히 바꿔 쓸 수 있소? 오른쪽에서 답이 되는 말을 찾아 ◯표 해 보시오.

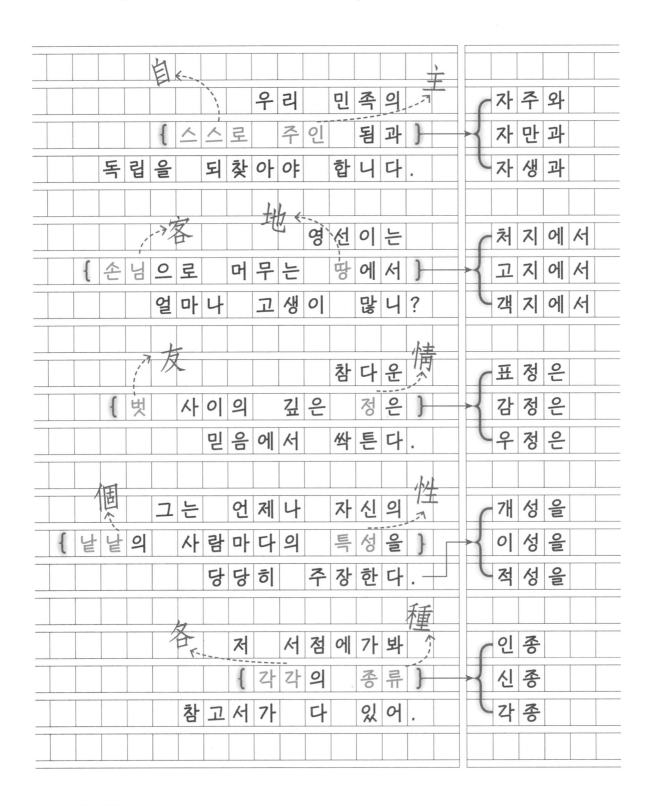

우리 민족의 主
{ 스스로 주인 됨과 }
독립을 되찾아야 합니다.

자주와
자만과
자생과

客 地
영선이는
{ 손님으로 머무는 땅에서 }
얼마나 고생이 많니?

처지에서
고지에서
객지에서

友 情
참다운
{ 벗 사이의 깊은 정은 }
믿음에서 싹튼다.

표정은
감정은
우정은

個 性
그는 언제나 자신의
{ 낱낱의 사람마다의 특성을 }
당당히 주장한다.

개성을
이성을
적성을

各 種
저 서점에가봐
{ 각각의 종류 }
참고서가 다 있어.

인종
신종
각종

참 잘하는구만. 그렇다면 옛 사람들이 쓰던 한자말도 한번 보겠소? 빈칸에 알
맞은 글자를 써서 한자말을 완성해 보시오.

세상의 만물을 만든 신.

만들 조
물건 물
임자?

造 物 主

자연은 **조 물** 가 빚어낸 작품이야.

일의 중요한 정도, 순서가 뒤바뀐 것.

주인
손님
뒤바뀜

主 客 顚 倒

전 도

옛날 그리스에서 피가 잘 멎지 않는 병을 '피 흘리기 좋아해서' 라고 생각했대.

피
벗
병

血 友 病

혈 병

잘했어! 앞에서 읽어낸 한자말은 능글능글이 더 이상 손대지 못할 거야. 한자말의 뜻과 소리를 외면서 한자를 획획 쓰면 확실히 그렇게 되지.

一ナ方友
友 友 友

벗
우

、一二キ主
主 主 主

주인
주

ノク夂冬各各
各 各 各

각각
각

、丷宀宀安宀客客
客 客 客

손님
객

ノイ仆仍们佣佣佣個個
個 個 個

낱
개

한번에 그릴 수 있어!

虛빌 허

陸뭍 륙

處곳 처

所바 소

場마당 장

넷째 주
장소

장소에 대한 능글능글 한자말을
뎅글뎅글 읽어내자.

능글능글 사건 현장으로 출발! 그 전에 몸 좀 풀까? 주어진 낱말과 뜻풀이에서 공통점을 찾아 빈칸에 써 봐.

전장
싸움을 치르는 마당

광장
많은 이들이 모이는 넓은 마당

시장
물건을 사고파는 마당

☐ 이란 글자가 있어.

☐☐ 이란 뜻이 있어.

소득
일을 하여 얻은 바

소문
전해지는 말을 들은 바

소감
마음에 느낀 바

☐ 란 글자가 있어.

☐ 란 뜻이 있어.

바는 '~하는 것'이라는 말이야.

근처
가까운 곳

상처
다쳐서 손상된 곳

정처
머무는 곳

☐ 란 글자가 있어.

☐ 이란 뜻이 있어.

폐허
허물어져 비어 있는 곳

허공
텅 비어 있는 공중

허점
비어 있는 구석

☐ 란 글자가 있어.

있 다 란 뜻이 있어.

상륙
뭍에 오르다

대륙
바다 위에 드러나 있는 큰 뭍

내륙
바다에서 멀리 떨어진 뭍

☐ 이란 글자가 있어.

☐ 이란 뜻이 있어.

 뭍은 땅을 달리 부르는 말이야

능글능글이 어떤 도시 안내도에다 손을 대었어. 모두 어떤 곳이나 자리를 가리키는 낱말이래. 한자로 바뀐 글자를 짐작해 빈칸에 써 줘.

○○ 야구場

시민 휴식處

○○ 陸교

륙은 맨 앞에 나올 때 육으로 읽지, 아마?

○○ 주유所

虛공

현수막 바꿔

지난번에는 너무 얕보았소. 이번에는 완전히 납작코로 만들어 주겠소. 낱말들에서 같은 한자를 휙휙 바꿔 버렸소. 어떤 글자인지 빈칸에 한글로 써 보시오.

OPEN
대중 사우나

깨끗한 안식處

개운한 휴식處 가까이 있습니다

연락處 02-8899-5X9X

쑥대머리 탈모 연구所

○○ 파출所 옆 세탁所 건물 2층

족집게 보살

虛무한 인생!

시간 虛비하지 말고,

일단 와 봐. 虛풍 아님!

급구
상가 임대

당구場·소극場·볼링場

하실 업주 환영

010-0000-0000

오대륙 치킨

premium quality

가맹점 모집

오대陸 치킨!

드디어 제주도 상陸!

매니저 초빙(陸군 장교 출신 우대)!

뜻 품은 한자말

예상 밖이구만! 음⋯나는 아무 말이나 한자로 바꾸지 않소. 어떤 뜻을 품고 있는 글자만 바꾸지. 주어진 뜻을 품고 있는 낱말을 골라 ◯표 해 보시오.

곳 處 { 피난처 돌부처 제스처 }

빌 虛 { 허리띠 허영심 허벅지 }

바 所 { 맙소사 발전소 소시지 }

마당 場 { 으름장 주차장 어깃장 }

말이 안 나오는군 그럼, 한자말 짜임새를 보여주는 한자말 분자식을 풀어 보시오. 빈칸에 어떤 한자말이 들어갈지 한번 써 보시구려, 흥!

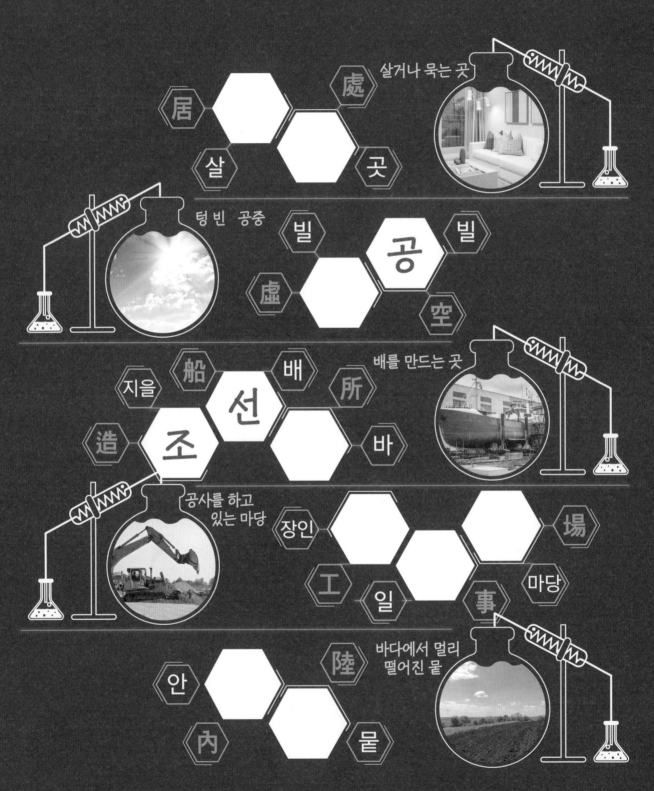

居 處 살거나 묵는 곳
살 곳

텅빈 공중 빌 공 빌
虛 空

船 배 배를 만드는 곳
지을 조 선 所
造 바

공사를 하고 있는 마당 장인 場
工 일 事 마당

陸 바다에서 멀리 떨어진 뭍
안 뭍
內

실력인지 시력인지 아무튼 대단해. 그럼, 내가 노리고 있는 한자가 무엇
인지 아시겠소? 비슷한 녀석들 가운데 가려내 ◯표 해 보시오.

뭍
륙 ⟨院⟩⟨陸⟩⟨街⟩⟨防⟩

곳
처 ⟨虎⟩⟨處⟩⟨慮⟩⟨虛⟩

바
소 ⟨折⟩⟨斷⟩⟨新⟩⟨所⟩

빌
허 ⟨處⟩⟨虎⟩⟨慮⟩⟨虛⟩

마당
장 ⟨陽⟩⟨腸⟩⟨場⟩⟨易⟩

왜 이리 잘 하지? 장소 한자말이 있는 장소를 꿰찬 거요? 그러나 과연 '바 소'를 제대로 알까? 마인드맵을 살펴보고, 所의 여러 뜻을 써 보시오

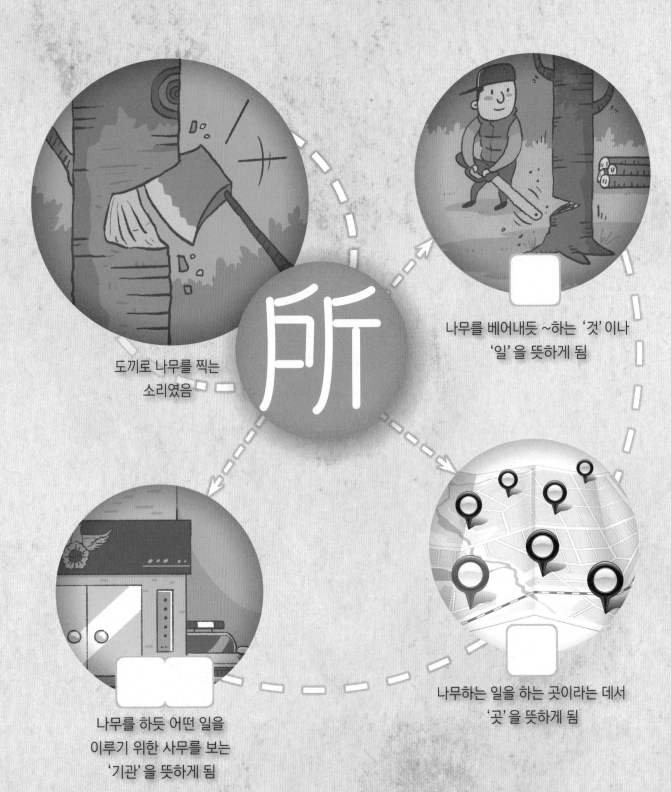

도끼로 나무를 찍는
소리였음

나무를 베어내듯 ~하는 '것'이나
'일'을 뜻하게 됨

나무를 하듯 어떤 일을
이루기 위한 사무를 보는
'기관'을 뜻하게 됨

나무하는 일을 하는 곳이라는 데서
'곳'을 뜻하게 됨

어찌할 바

이리 쉽게 해낼 바가 아닌데, 어찌할 바를 모르겠구만! 한자말의 '所'를 모
두 '바'로 하여 뜻풀이를 해봤소. '바'를 대신할 뜻을 찾아 ◯표 해 보시오.

우리 회사 **연구소(研究所)**에서 개발한 기술입니다.
연구하는 바

연구하는 { 곳 기관 것 }

상을 받았는데 **소감(所感)** 한 마디 해 주시지요.
느낀 바

느낀 { 곳 기관 것 }

당분간 우리 **숙소(宿所)**는 여기로 해야겠구나.
머무를 바

머무를 { 곳 기관 것 }

양지바른 곳에 **묘소(墓所)**를 마련하였습니다.
무덤 바

무덤 을 쓴 { 곳 기관 것 }

난데없는 한자말

끙, 난데없이 속이 쓰리구만! 에잇, 같은 소리가 있는 낱말들이오. 내보인 한자가 쓰이지 '않은' 낱말을 골라 ◯표 해 보시오. 난데없는 뜻이라고나 할까.

{뭍 룩}

헬리콥터 **착륙** 지점

혼수로 쓸 **피륙** 열 필

유엔 해병대 **상륙** 작전 기념비

陸

{빌 허}

지구의 **허파**, 아마존

보고서를 썼지만 **허점**이 많아

허공에 대고 삿대질

虛

{마당 장}

산 좋고 물 맑은 우리 **고장**

하와이 라나이 섬 **해수욕장**

세계 최대의 **골프장**

場

{곳 처}

일상에 지친 사람들의 **휴식처**

그 사람만의 특이한 **제스처**

물건을 배달할 **거래처**

處

{바 소}

세계적인 관광 **명소**

남극기지 세종 **연구소**

코뿔소 보호 구역

所

긴말짧게

어쩌다 해낸 걸 갖고 말이 많군. 긴 말은 질색이오. 긴 말은 한자말로 짧게 바꿔 버리는 '긴말짧게'요. 녀석이 게 눈 감추듯 감춘 한자말을 두 눈에 써 넣어 보시오.

정할 [정] **定 處** 곳 딱히 정해진 곳

난리가 나자 사람들은 [　　] 없는 피란길에 나섰습니다.

빌 **虛 無** [무] 없을 비어 있음. 뜻이나 값이 없음

십 년을 고생하며 해 온 연구를 [　　] 하게 그만둘 수는 없다.

바 **所 感** [감] 느낄 어떤 일에 대해 느끼고 생각한 바

그는 오랜만에 귀국한 [　　] 을 환한 웃음으로 대신했습니다.

팔 [매] **賣 場** 마당 각 생산자의 상품을 내다 파는 마당

같은 물건이라도 [　　] 에 따라 가격이 많이 다르다니까!

떠날 [리] **離 陸** 뭍 비행기 따위가 뭍을 떠나 떠오름

비행기가 완전히 [　　] 한 뒤 안전벨트를 풀어 주시기 바랍니다.

떠날 '리'는 맨 앞에 올 때 '이'로 읽어.

소리 속 글자 찾기

맙소사, 내 처지가 딱하게 되었구만. 에잇, 한자말을 같은 소리 뒤에 숨겨두었소. 왼쪽의 한자가 든 낱말은 딱 하나요! 골라내 ◯표 해 보시오.

곳 [처]

정**처** 없이 떠도는 **처**량한 신세가 된 **처**자식

빌 [허]

허 참, 면**허** 시험이 어렵다고 **허**풍을 떠는구만

바 [소]

소형 **소**화기를 놓아둘 만한 장**소**를 찾아보세요

마당 [장]

소**장**님, 공사**장**의 불도저가 고**장**입니다!

뭍 [륙]

육상 선수들이 **육**류를 한 달에 **육** 회 이상 먹는다고?

괄호 속 말

으허헉! 이보시오, 이것도 할 수 있소? 글의 전체 뜻에 알맞은 한자말을
골라낼 수 있소? 어디 한번 골라내 ◯표 해 보시오.

무예를 닦는 곳

윤수는 태권도 **도장** { 圖_{그림} / 道_길 } { 章_글 / 場_{마당} } 에서 사귄 친구랍니다.

묫자리

저기 보이는 **산소** { 山_메 / 酸_실 } { 所_바 / 素_{본디} } 는 할머니를 모신 곳이야.

어디에

도대체 안 선생의 **소재** { 素_{본디} / 所_바 } { 材_{재목} / 在_{있을} } 를 알아야 연락을 하지.

중요한 곳

이미 **요소** { 要_{요긴할} / 要_{요긴할} } { 所_바 / 素_{본디} } 마다 군사를 배치해 두었습니다.

형벌

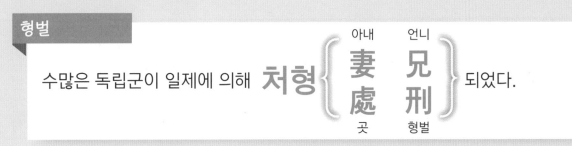

수많은 독립군이 일제에 의해 **처형** { 妻_{아내} / 處_곳 } { 兄_{언니} / 刑_{형벌} } 되었다.

말 가리고 아웅

아웅, 어찌 이리 잘 하는 거요? 그럼 눈 가리고 아웅, 아니 말 가리고 아웅이오. 한자말의 한 구석을 순우리말로 바꾸었소. 한자말로 되돌려 놓아 보시오.

사람들과 사귀며 자기에게 이롭게 살아가는 방법이나 기술

"곳세술" → ⬜ 세 술

자기 분수에 넘치고 어울리지 않게 실속없이 겉모습을 화려하게 꾸미려는 마음

"빌영심" → ⬜ 영 심

어떤 장소나 행사에 대해 남에게 알려주는 일을 하는 곳

"안내바" → 안 내 ⬜

여러 사람이 뒤엉켜 함부로 떠들거나 덤벼 뒤죽박죽이 된 곳

"난마당판" → 난 ⬜ 판

육군과 해군과 공군. 삼군이라고도 함

"뭍해공군" → ⬜ 해 공 군

옛사람 한자말

참 잘하는구만. 그렇다면 옛 사람들이 쓰던 한자말도 한번 보겠소? 빈칸에 알맞은 글자를 써서 한자말을 완성해 보시오.

지금 우리도 글짓기 대회를 이렇게 부르지?

밝은 대낮에 글 솜씨를 겨루는 모임

白 日 場

선비들의 [   ] 일 [   ] 대회

싸움이나 다른 일로 큰 혼란에 빠진 곳.

아수라의 마당 아수라는 싸움의 신

阿 修 羅 場
아 수 라

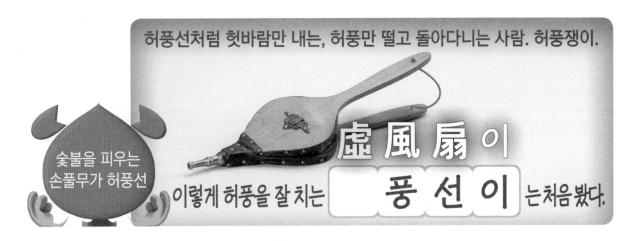

허풍선처럼 헛바람만 내는, 허풍만 떨고 돌아다니는 사람. 허풍쟁이.

숯불을 피우는 손풀무가 허풍선

虛 風 扇 이
이렇게 허풍을 잘 치는 풍 선 이 는 처음 봤다.

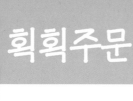

잘했어! 앞에서 읽어낸 한자말은 능글능글이 더 이상 손대지 못할 거야. 한자말의 뜻과 소리를 외면서 한자를 획획 쓰면 확실히 그렇게 되지.

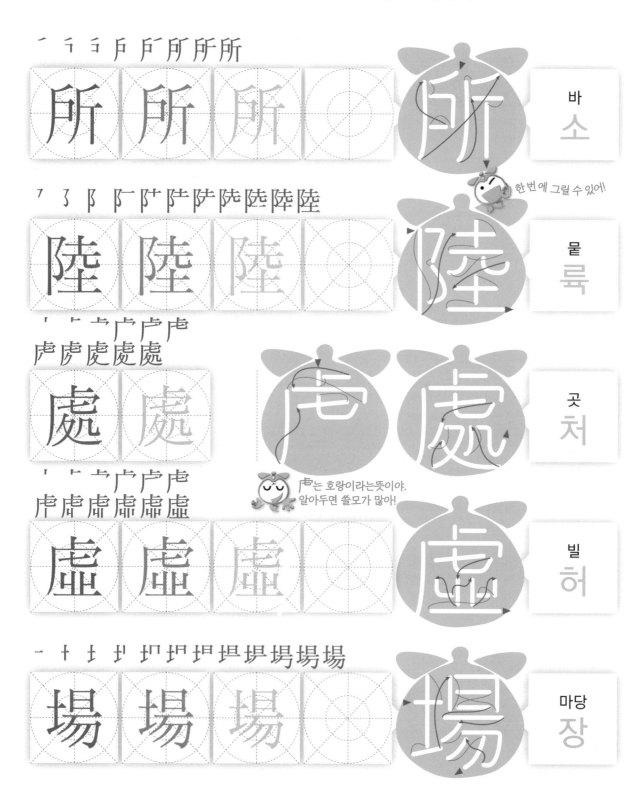

`` ´ ´ ⼾ ⼾ 所 所 所

所　所　所　　　바 소

한번에 그릴 수 있어!

´ ⻖ ⻖ ⻖ ⻖⺊ 陸 陸 陸 陸 陸

陸　陸　陸　　　뭍 륙

` ⺊ ⼽ ⼴ ⼾ 虍 虍 虎 處 處 處 處 處

處　處　　　　곳 처

⼾는 호랑이라는 뜻이야.
알아두면 쓸모가 많아!

` ⺊ ⼽ ⼴ ⼾ 虍 虍 虛 虛 虛 虛 虛

虛　虛　虛　　　빌 허

一 ナ ナ ⼟ 圹 圷 坍 坍 堤 場 場 場

場　場　場　　　마당 장

士 선비

員 인원

職 직분

官 벼슬

師 스승

다섯째 주
직업

직업에 대한 능글능글 한자말을
뎅글뎅글 읽어내자.

이 직업 저 직업

직업이나 직장인에 붙이는 한자를 되찾으러 출발! 주어진 낱말과 뜻풀이에서 공통점을 찾아 빈칸에 써 봐.

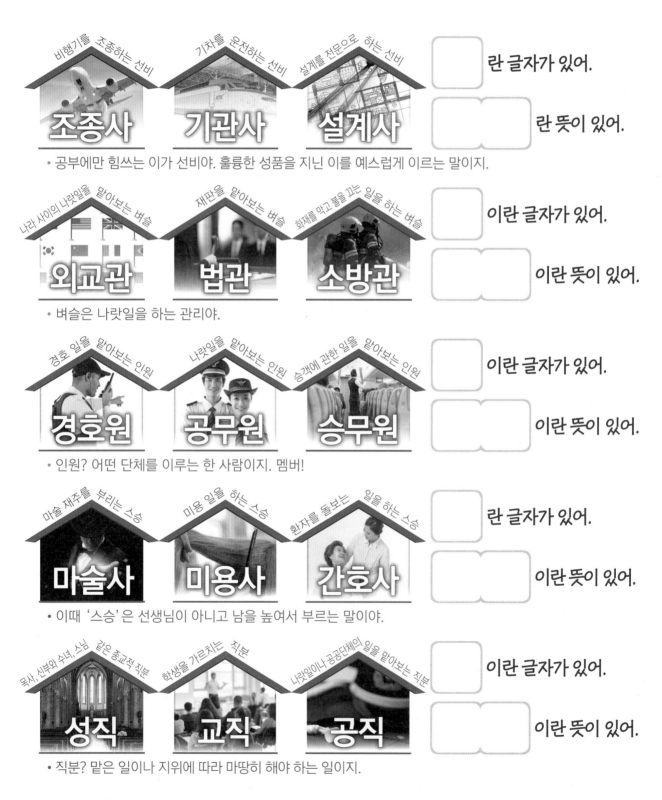

비행기를 조종하는 선비 / 기차를 운전하는 선비 / 설계를 전문으로 하는 선비

조종사 **기관사** **설계사**

☐ 란 글자가 있어.
☐☐ 란 뜻이 있어.

• 공부에만 힘쓰는 이가 선비야. 훌륭한 성품을 지닌 이를 예스럽게 이르는 말이지.

나라 사이의 나랏일을 맡아보는 벼슬 / 재판을 맡아보는 벼슬 / 화재를 막고 불을 끄는 일을 하는 벼슬

외교관 **법관** **소방관**

☐ 이란 글자가 있어.
☐☐ 이란 뜻이 있어.

• 벼슬은 나랏일을 하는 관리야.

경호 일을 맡아보는 인원 / 나랏일을 맡아보는 인원 / 승객에 관한 일을 맡아보는 인원

경호원 **공무원** **승무원**

☐ 이란 글자가 있어.
☐☐ 이란 뜻이 있어.

• 인원? 어떤 단체를 이루는 한 사람이지. 멤버!

마술 재주를 부리는 스승 / 미용 일을 하는 스승 / 환자를 돌보는 일을 하는 스승

마술사 **미용사** **간호사**

☐ 란 글자가 있어.
☐☐ 이란 뜻이 있어.

• 이때 '스승'은 선생님이 아니고 남을 높여서 부르는 말이야.

목사, 신부와 수녀, 스님 같은 종교적 직분 / 학생을 가르치는 직분 / 나랏일이나 공공단체의 일을 맡아보는 직분

성직 **교직** **공직**

☐ 이란 글자가 있어.
☐☐ 이란 뜻이 있어.

• 직분? 맡은 일이나 지위에 따라 마땅히 해야 하는 일이지.

능글능글이 빌딩 광고에 손을 대었어. 직업에 관한 낱말들이야. 한자로
바뀐 글자를 짐작해 빈칸에 써 줘.

미래기획 사무職 인재 초빙

사무職

⬜

김어눌 변호士 사무실

변호士

⬜

행복 동물병원 수의師 이착희

수의師

⬜

튼튼 피트니스 VIP 회員 모집

회員

⬜

소방官 아카데미 051-5**-****

소방官

⬜

이번엔 정말 각오하시오. 메신저에다 내가 솜씨 한번 부려 보았소. 이런 걸 건드릴 줄 꿈에도 몰랐을 거요, 으하하. 어떤 한자를 바꾼 것인지 읽어 보시오.

친구 🔍 ⚙️

일자리	일정하게 하는 일	맡은 일에 따른 지위
職장	職업	職위
보통 군인	힘이 아주 센 사람	이름이 널리 알려진 이
병士	장士	명士

士는 사내라는 뜻도 있어.

경비의 책임을 맡은 이	은행의 직원	역에 근무하는 사람
경비員	은행員	역무員
범죄 사건을 조사하는 이	부대를 지휘하는 이	경찰 일을 하는 공무원
수사官	지휘官	경찰官
기독교 교회를 이끄는 이	학교 선생님	환자를 치료하는 이
목師	교師	의師

친구 114

공격수	수비수	선수

👤 💬 🔍 ⋯

&
A
B
C
D
G
H
J
M
S
U
V
ㄱ
ㄴ
ㄷ
ㄹ
ㅁ
ㅂ
ㅅ
ㅇ
ㅈ
ㅊ
ㅋ
ㅌ
ㅍ
ㅎ
#

그걸 해내다니, 어이가 없군. 나는 아무 말이나 한자로 바꾸진 않소. 어떤 뜻을 품은 글자만 바꾼다오. 주어진 뜻을 품고 있는 낱말을 가려 ◯표 해 보시오.

선비 士
사다리
손사래
영양사

인원 員
원숭이
종업원
원피스

직분 職
매직
취직
아직

스승 師
고사리
한의사
장사꾼

벼슬 官
관두다
관광객
외교관

한자말 분자식

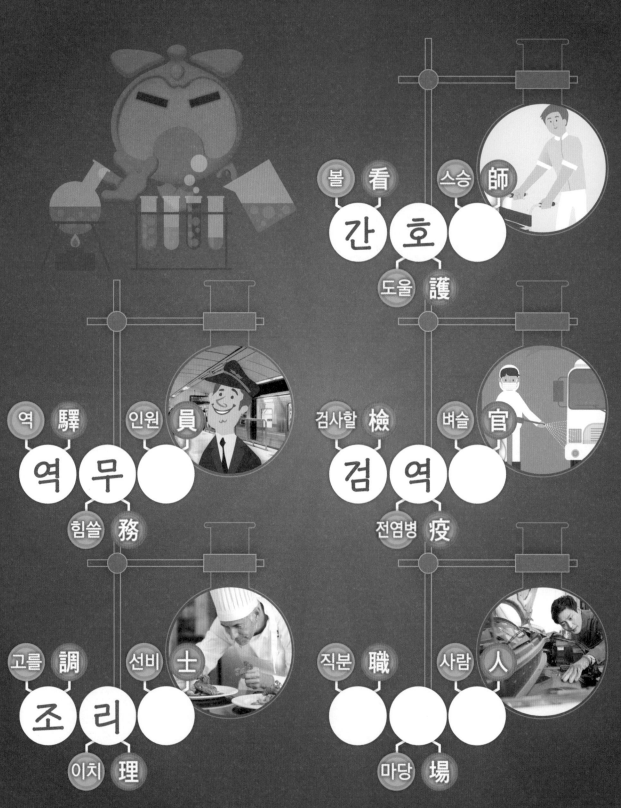

한자와 한글 관계 발견하기

이게 그렇게 쉽소? 어이없구만! 그럼, 한자말 짜임새를 보여주는 한자말 분자식
도 풀어 보시오. 빈칸에 어떤 한자말이 들어갈지 써 보기나 하시오.

볼 看　스승 師

간　호　○

도울 護

역 驛　인원 員

역　무　○

힘쓸 務

검사할 檢　벼슬 官

검　역　○

전염병 疫

고를 調　선비 士

조　리　○

이치 理

직분 職　사람 人

○　○　○

마당 場

한자말 티

말도 안 돼, 그걸 해내다니! 그럼, 한자말 티셔츠요. 내가 바꾸려는 한자를 찾아내 보시오. 찾아내면 한두 장 거저 드리겠소.

선비 **사** — 士 土 上 于

인원 **원** — 質 賣 員 賣

벼슬 **관** — 富 宮 容 官

스승 **사** — 限 所 師 陳

직분 **직** — 識 職 織 戰

여러분 엉뚱한 분

대단한 분이시구만! 그럼 내보인 한자가 쓰이지 '않은' 낱말을 골라 ◯표 해 보시오.
뭣이, 지저분하다고? 고분고분 찾아내 보시오.

선비
土

머리는
박사

힘은
장사

얼굴은
감사

인원
員

배에는
선원

가게는
점원

환자는
입원

벼슬
官

마을
회관

우두머리
장관

우리 동네
법관

직분
職

일자리
취직

일편단심
오직

제자리
천직

스승
師

병원엔
의사

학교엔
교사

먹는 건
식사

으, '길게풀어'를 불러와야겠구만. 한자말에 풀이말 먹물을 덧씌우는 희한한 오징어라오. 녀석이 덧씌운 풀이말을 뜻하는 한자를 찾아 색칠해 보시오.

그 소년의 꿈은 **소와 싸우는 선비** 가 되는 것이었습니다.

행사가 끝난 뒤 **아름답게 만드는 인원** 들이 쓰레기를 치웠다.

국군의 날을 맞아 국방부 **우두머리 관리** (이)가 연설을 하였다.

병원에서 받은 처방전을 **약을 짓거나 파는 스승** 에게 내보였다.

요즈음은 **직업을 잃은 이** 가 많아서 큰일이라고 하더라.

끙, 속 터지는구만. 소리라도 바락바락 질러야겠네. 같은 한자말로 끝나는 말끝자락이오. 내가 내지르는 소리에 맞는 한자말을 골라 ◯표 해 보시오.

사사 선비 **士** 끝나는 말은

불상사   공치사   기숙사   설계사   발~사   맙소사

원원 인원 **員** 끝나는 말은

유치원   동물원   유인원   과수원   영~원   공무원

직직 직분 **職** 끝나는 말은

점조직   재조직   우지직   바람직   정~직   전문직

관관 벼슬 **官** 끝나는 말은

도서관   외교관   가치관   미술관   습관   체육관

사사 스승 **師** 끝나는 말은

신문사   암행어사   살무사   이발사   나~사   불국사

하나를 알면 둘을

하나를 알면 둘을 깨친다고? 그럼 내가 한자로 바꾸려는 낱말이 무엇인지 써 보시오. 배운 적이 없다고? 알만 한 분이 왜 그러시오.

싸움이 벌어지는 형편은 **전**세
싸움이 벌어지는 곳은 **전**장
싸우려는 의지는 **전**의
그렇다면

싸우는 사람(선비)은

배의 우두머리는 **선**장
배의 갑판 위는 **선**상
배의 몸뚱아리는 **선**체
그렇다면

배에서 일하는 인원은

은혜를 베풀어 준 사람은 **은**인
높은 분에게서 받은 은혜와 사랑은 **은**총
윗사람이 베푼 은혜와 덕은 **은**덕
그렇다면

은혜를 베풀어 준 스승

기술로 물건을 만드는 직분의 사람은 **직**공
조직에서 맡은 직분에 따르는 일은 **직**무
맡은 직분에 따른 위치나 자리는 **직**위
그렇다면

직분을 맡은 인원은

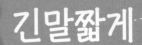
난 긴말은 질색이요. 긴말은 무조건 한자말로 짧게 바꿔 버리는 '긴말짧게'
요. 녀석이 잘라 먹고 게 눈 감추듯 감춘 한자말을 두 눈에 써 넣어 보시오.

{ 공평할 [공] **公 職** 직분 } 나라의 기관이나 공공 단체에서 맡은 직분

저희 아버님의 [　　] 생활은 말단 관리부터 시작되었지요.

{ 가르칠 [교] **教 師** 스승 } 학생을 가르치는 스승

내 친구는 보건 [　　] 가 되기 위해 공부를 시작하였다.

{ 정할 [정] **定 員** 인원 } 법이나 규칙에 따라 정해진 인원의 수

이 버스는 승차 [　　] 이 45명이라서 더 이상 태울 수 없어요.

{ 우두머리 **長 官** 벼슬 } 나랏일을 맡은 각 부서의 우두머리 벼슬

영수는 얼마 전에 교육부 [　　] 에게서 상을 받았다.

{ 길 [도] **道 士** 선비 } 도를 닦아 큰 이치를 깨달은 선비

석현이는 컴퓨터 게임에는 아주 [　　] 이다.

내가 한자를 빼앗길 것 같아. 분햇! 에잇, 소리가 같은 한자말들이오. 주어진 '뜻과 소리'에 맞는 한자가 들어 있는 낱말을 골라 ◯표 해 보시오.

지대에서 전쟁이 났다는소식에 사람들은 두려움에 휩싸였다. 이곳의

원주민 **전사**는 부족을 보호하기 위해 싸웠지만 안타깝게 모두 **전사**하고 만다.

전장에는 쓸쓸한 비석만 덩그렇게 남아있고 그날의 아우성은 들리지 않았지만

파리 한복판에, 심지어 택시운전사들조차 찾기가 쉽지 않은 유명한 곳으로

'비밀의 **정원**' 투어에 오신 여러분, 유적보호를 위해 1일 관람객 **정원**은 백 명으로

제한되어 있습니다. 관람객 여러분들의 양해를 바랍니다. 자, 그럼 오늘

치료는 의사가 합니다만 환자의 의지가 있어야 병이 빨리 낫습니다.

환자를 돌보던 **의사**로서 장기를 기증하겠다는 환자의 **의사**를 존중하기로 했다.

요즈음 젊은이들은 자기 의사를 표현하는 데 참 스스럼이 없는가 할 정도

지 선거일이 내일입니다. 선거권을 가진 사람이 공직에 임할 사람을

"주민 여러분, 우리 구의 살림살이 **관리**는 청렴한 **관리**의 손에 맡겨야 합니다."

그렇다면 지역 주민들의 행정 업무와 민원 업무를 처리하는 관공서에서 어

 사람의 몸에 직접 영향을 미치는 직업은 師,, 전문적인 지식이나 기술을 쓰는 직업은 士

스승 사냐 선비 사냐

이것도 할 수 있소? 어떤 일을 하는 이 분들을 스승이라 해야 할지 선비라고 해야 할지 가려낼 수 있소? 홀가분하게 가려내 ◯표 해 보시오.

사람의 몸에 직접 영향을 미치는 직업은 師   전문적인 지식이나 기술을 쓰는 직업은 士

辯護士	변호사	辯護師
韓醫士	한의사	韓醫師
機關士	기관사	機關師
運轉士	운전사	運轉師
看護士	간호사	看護師
操縱士	조종사	操縱師
設計士	설계사	設計師
美容士	미용사	美容師

옛사람 한자말

참 잘하는구만. 기분이 참 홀가분하오. 옛소, 옛 사람들이 쓰던 한자말도
한번 보겠소? 빈칸에 알맞은 글자를 써서 한자말을 완성해 보시오.

하늘에서 정해 준 것으로 여길 정도로 타고난 성격에 알맞은 직업

하늘에서
내린 직분

天 職

그는 그릇 빚는 일을 **천** [ ] 으로 알았다.

친하게 지내는 세 사람을 이렇게 일러

원래는
뒤마의
소설

三 銃 士

그는 우리 **삼 총** [ ] 가운데 제일 똑똑했다.

무엇이든 묻는 대로 척척 대답하는 사람

척척은
거침없이
일하는 모양

博 士

컴퓨터는 모르는 것이 없는 척척 **박** [ ]

잘했어! 앞에서 읽어낸 한자말은 능글능글이 더 이상 손대지 못할 거야. 한자말의 뜻과 소리를 외면서 한자를 획획 쓰면 확실히 그렇게 되지.

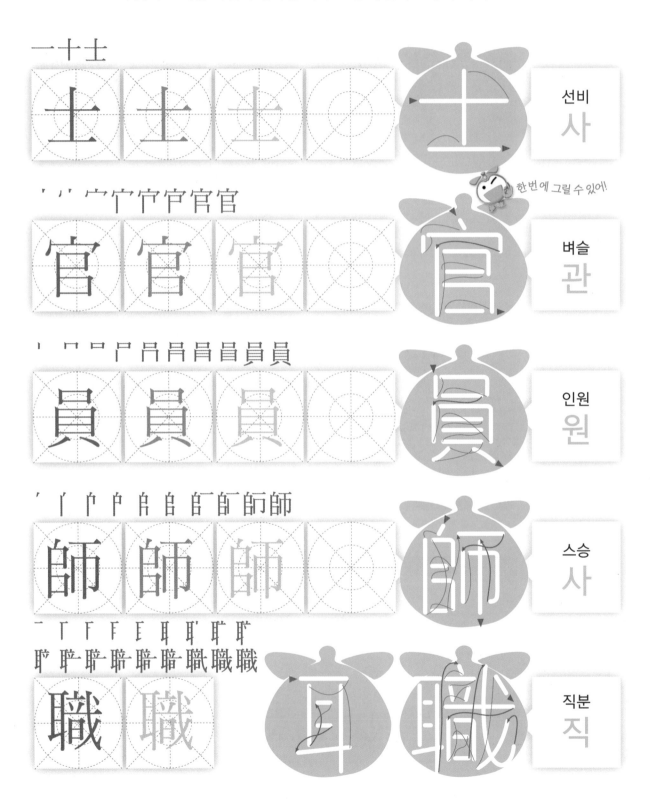

一 十 士

士 士 士

선비
사

한번에 그릴 수 있어!

丶 丷 宀 宀 宁 官 官

官 官 官

벼슬
관

丶 丷 Ρ 圓 圓 昌 昌 員 員

員 員 員

인원
원

丿 丨 亻 丨 丿 皀 皀 皀 皀 師

師 師 師

스승
사

一 丁 丅 丆 耳 耳 耶 耵
耴 耴 聠 聠 聧 聧 職 職 職

職 職

직분
직

兄 언니, 형　형
弟 아우　제
宗 으뜸　종
姓 성씨　성
家 집　가

여섯째 주
집안

집안에 대한 능글능글 한자말을
뎅글뎅글 읽어내자.

짐작해보셈

능글능글 사건 현장으로 출발! 먼저 머리 좀 풀고 가자. 주어진 낱말과 뜻풀이에서 공통점을 찾아 빈칸에 써 봐.

가보 집안의 보물

가문 대대로 이어져 내려오는 집안

가훈 집안에 내려오는 가르침

☐ 란 글자가 있어.

☐☐ 이란 뜻이 있어.

성명 성씨와 이름을 아우르는 말

통성명 서로 성씨와 이름을 알려줌

백성 김씨 박씨 등 온갖 성씨. 국민을 예스럽게 이르는 말.

☐ 이란 글자가 있어.

☐☐ 란 뜻이 있어.

친형 같은 부모에게서 난 형

형제 형과 아우

형수 형의 아내

☐ 이란 글자가 있어.

☐☐ 이란 뜻이 있어.

종교 첫째 또는 으뜸가는 가르침이란 뜻으로 신을 믿는 문화 체계

종가 조상이 같은 집안들에서 첫째 아들로만 이어온 집안

종손 종가의 대를 이을 첫째 아들

☐ 이란 글자가 있어.

☐☐ 란 뜻이 있어.

형제 형과 아우

처제 아내의 여자 아우

제수 아우의 아내

☐ 란 글자가 있어.

☐☐ 란 뜻이 있어.

능글능글이 세종대왕 안내 자료에 손을 대었어. 모두 집안과 관계있는
한자말들이지. 한자로 바뀐 글자를 짐작해 빈칸에 써 줘.

조선의 4번째 임금(1397~1450)

姓명 : 이도(李裪)

家족 관계 : 아버지 태종, 어머니 원경왕후 민씨

8兄弟 중 셋째 아들

세宗대왕

그림자

내가 **특별히 한낮에 돌아다니며 바꾼 글자들이오!** 바뀐 한자를 한글로 쓸 수 있겠소? 헛, 그림자가 드리워…. 그래도 알아보긴 힘들죠?

兄님　친兄　큰兄

형弟　매弟　의형弟

여동생의 남편

家정　家축　家구

한 가족으로서의 집안　집에서 기르는 짐승　집안 살림에 쓰이는 온갖 세간

宗파　주宗　宗친

한 종교에서 갈라져 생긴 갈래　여러 가지 중에서 첫째나 중심이 되는 것　같은 종가를 둔 먼 일가 친척

姓함　희姓　만백姓

이름·성명의 높임말　매우 드문 성씨　모든 사람, 모든 국민

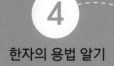
능글능글 메시지

그림자로 힌트를 얻은 것이지요? 흥! 그럼 능글능글폰도 보시오. 문자를 쓰면 글자가 휙휙 바뀐다오. 빈칸에 알맞은 글자를 써 보시오.

07:35   100% 🔋

친형 : 한 부모에게서 난 **형**
형제 : **형**과 아우

형 은 형!

처제 : 아내의 여자 **아우**
제수 : **아우**의 아내

□ 는 아우!

성명 : **성씨**와 이름
희성 : 아주 드문 **성씨**

□ 은 성(씨)!

종가 : **으뜸**가는 집안
종교 : **으뜸**가는 가르침

□ 은 으뜸!

가출 : **집**을 나감
초가 : 지붕을 마른 풀로 얹은 **집**

□ 는 집!

親兄 : 한 부모에게서 난 **형**
兄弟 : **형**과 아우

兄은 □ !

처弟 : 아내의 여자 **아우**
弟수 : **아우**의 아내

弟는 □ □ !

姓명 : **성씨**와 이름
희姓 : 아주 드문 **성씨**

姓은 □ □ !

宗가 : **으뜸**가는 집안
宗교 : **으뜸**가는 가르침

宗은 □ □ !

家출 : **집**을 나감
초家 : 지붕을 마른 풀로 얹은 **집**

家는 □ !

뜻 품은 한자말

이것도 쉽게 풀 수 있소? 내가 한자로 바꾸는 글자는 어떤 뜻을 품고 있다오.
자, 주어진 뜻을 품은 낱말을 골라 ◯표 해 보시오.

아가　　요가　　폐가

{ 집 **가** }

성에　　백성　　성냥

{ 성씨 **성** }

제비　　수제비　　형제

{ 아우 **제** }

종이배　　종아리　　종교인

{ 으뜸 **종** }

한집안 글자

대단한 눈썰미구만! 내가 바꾸려는 한자와 모양이 닮은 것들을 불렀소. 다들
한 집안이라 생김새가 비슷하지. 내가 바꾸려는 한자를 찾아내 ◯표 해 보시오.

으뜸
종

字　完　宗　定

집
가

室　害　容　家

성씨
성

姓　好　妨　始

형
형

先　兄　兒　見

아우
제

第　引　强　弟

헐, 살짝 겁이 나는군. 그럼, 내보인 한자가 쓰이지 '않은' 낱말을 글 속에서 골라 ◯표 해 보시오. 소리가 같으면 다 같은 한자라고 생각하기를…, 제발.

형 兄

옆집 꼬마는 너무 귀여워 꼭 **인형**을 보는 것 같다.

네 큰이모가 아빠에게는 **처형**이 된단다.

내 조카는 언니와 **형부**를 조금씩 다 닮았다.

아우 弟

막내이모는 엄마의 아우라서 **처제**라고 부르지.

시험 **문제**가 작년에 비해 쉽게 나왔다.

형제라고는 형과 나 단 둘뿐이다.

으뜸 宗

자동차는 우리 회사의 **주종** 생산품입니다.

두 사람은 **종교**가 다르다는 이유로 헤어지고 말았어.

우리의 **최종** 목표는 올림픽 금메달이다.

성씨 姓

우리나라 **성씨** 중에 김씨가 제일 많답니다.

여기에 본인의 **성명**과 연락처를 남겨 주세요.

누나는 **성적**이 떨어져서 아주 속상해 합니다.

집 家

티비를 틀자 마침 내가 좋아하는 **가수**가 나왔습니다.

잃어버렸던 아이가 사흘 만에 **가족**의 품으로 돌아왔다.

우리 **외가**에는 이모가 여럿 있습니다.

길게 끌어서는 못 당하겠네. 긴말을 한자말로 짧게 바꿔 버리는 '긴말짧게'
요. 녀석이 잘라먹고 게 눈 감추듯 감춘 한자말을 두 눈에 써 보시오.

{ 가까울 **親** **兄** 형 } 한 부모에게 난 형

나는 그 형을 ⬜⬜ 이나 다름없이 믿고 의지하고 있는걸!

{ 형 **兄** **弟** 아우 } 형과 아우

주은이는 ⬜⬜ 가 많은 집에서 막내로 자랐다.

{ 성씨 **姓** **名** 이름 } 성씨와 이름

그 편지에는 보낸 사람 ⬜⬜ 만 있고 주소는 적혀 있지 않아요.

{ 날 [생] **生** **家** 집 } 어떤 사람이 태어난 집

유명한 사람의 ⬜⬜ 는 비교적 잘 보존되어 있습니다.

{ 으뜸 **宗** 주인 **主** **國** 나라 [국] } 문화적 현상이 처음 시작한 나라

한국은 김치와 태권도의 ⬜⬜⬜ 으로 알려져 있습니다.

한자말랩

불길해, 잠깐 타임아웃! 쉬어가는 김에 한자를 운으로 삼아 한자말랩을 펼쳐보겠소. 운으로 삼은 한자가 '쓰인' 낱말을 골라보시오.

{ 형 } { 작은형 혈액형 AB형! }

{ 문제 형제 오늘의 화제! }  {아우}

{성씨} { 여성 남성 다 합쳐 백성! }

{ 가재 가족사진 참 가관! }  { 집 }

{으뜸} { 종종 만나는 종갓집 형님
같은 회사 종업원! }

말씀 화풀이

으, 참을 수가 없구만. 체면상 화는 못 내겠고. 화풀이 겸해 초강력 수법을 펼쳐 보겠소. 한자말을 내 맘대로 풀어서 이어 놓았소. 바르게 고쳐 써 보시오.

형아우애      형   애

의      의형아우

통성씨이름      통

친 회      으뜸가까운회

집계부      계 부

긴 뜻 짧은 말

한 번도 실패하지 않다니! 그럼, 이것도 해 보시오. 윗글에 표시된 말을 한자말 하나로 간단히 바꿀 수 있소? 아랫글에 숨어 있는 한자말을 찾아 ◯표 해 보시오.

승수는 영호를 마치 **한 부모에게서 난 형**처럼 따르더라.

모르는 사람들은 영호가 친형이라고 해도 믿을 거야.

집사람과 많이 닮은 저 여자분, 제 **아내의 아우**입니다.

아 그렇군요. 부인과 처제가 혹시 쌍둥이인가요?

할머니는 **가문에 맏이로만 이어 온 큰집**의 맏며느리로 시집오셨어.

요즘이라면 종가의 맏며느리로 시집가려는 이가 없을 걸?

왕은 **온 나라 사람**이 잘 사는 나라를 이루려고 애썼습니다.

백성이 나라의 근본인 것을 너무도 잘 알았기 때문입니다.

퇴근 시간이 되자 모두 **집으로 돌아감**을 서둘렀다.

눈이 내려 귀가하는 길이 많이 막힐 것이 틀림없었다.

사람 찾기

어이쿠, 그래도 그냥 물러나진 못하겠소. 글 속에 같은 소리의 한자말이
두 개 있소. 주어진 한자말이 어느 것인지 골라 ◯표 해 보시오.

主宗
- 여럿 가운데 으뜸, 또는 주가 되는 것

요즘 팔리는 차는 외제차가 **주종**을 이루고 있어.

이러다가는 우리 자동차 회사와 외국 회사가 **주종** 관계가 될 지도 몰라요.

子弟
- 남의 자식을 높여 이르는 말

자네가 그 분의 **자제**인가?

수업시간에는 조용히 하는 게 예의라네. 좀 **자제**하게.

한가지 [동]
同姓
- 같은 성씨

가장 친한 이성 친구와 **동성** 친구가 묘하게도 **동성**동본입니다.

아마도 먼 친척인 게 틀림없어요.

뜰 [정]
家庭
- 한 집에서 함께 생활하는 사람들

두 사람이 **가정**을 이룬다고 **가정**해 보세요.

참 아름다고 행복할 것 같은데요. 그렇지 않을까요?

집안의 비밀

어이가 없네! 집안 한자말들을 제대로 깨달았단 말이요? 정말 깨달았는지 시험해 봅시다. 주어진 말에 따라 '아닌 것' '다른 것'을 골라내 보시오.

이 형은
부모가 달라!

맏兄   매兄   작은兄

처兄   매兄   친兄

이 형은
성별이 달라!

우리 집안의
맏이가 아니야!

宗손   宗부   宗묘
종갓집 맏며느리   조선시대 한양

사弟   兄弟   처弟

이 아우는
아우가 아냐!

이름을
알 수가 없어!

姓명   姓함   姓씨

옛사람 한자말

도깨비 집안 망신이구만! 옛소, 덤이오. 옛사람들이 만든 '집안' 한자가 든 낱말이오. 빈칸에 알맞은 말을 써 보시오.

처음으로 인사할 때 서로 성과 이름을 알려 줌

通 姓 名

통할 통
성씨 ○
이름 ○

두 사람은 통[ ][ ]을 하고 명함을 주고받았다.

종은 사촌이나 오촌이라는 뜻

從 兄

사촌 형

지난 토요일에 나는 큰집 종[ ]의 결혼식에 갔다.

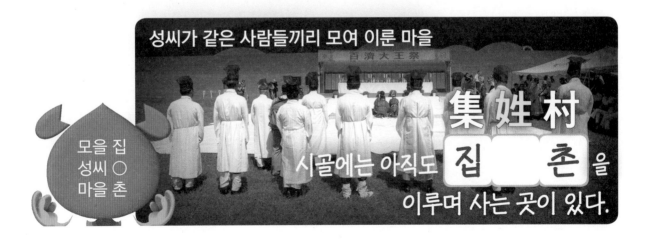

성씨가 같은 사람들끼리 모여 이룬 마을

集 姓 村

모을 집
성씨 ○
마을 촌

시골에는 아직도 집[ ]촌을 이루며 사는 곳이 있다.

잘했어! 앞에서 읽어낸 한자말은 능글능글이 더 이상 손대지 못할 거야. 한자말의 뜻과 소리를 외면서 한자를 획획 쓰면 확실히 그렇게 되지.

ㅣ ㅁ ㅁ 무 兄

兄　兄　兄

형
형

ㅣ ㅘ 낟 낟 낟 弟 弟

弟　弟　弟

아우
제

한번에 그릴 수 있어!

ㆍ ㆍ ㅗ 宀 宀 宇 宗 宗

宗　宗　宗

으뜸
종

ㄴ ㄴ ㅂ 女 女 妙 妙 姓 姓

姓　姓　姓

성씨
성

ㆍ ㆍ 宀 宀 宀 宇 宇 家 家 家

家　家　家

집
가

室 집, 방
실

宮 집
궁

堂 집
당

屋 집
옥

房 방
방

일곱째 주
집

집에 대한 능글능글 한자말을
뎅글뎅글 읽어내자.

능글능글 사건 현장으로 출발! 그 전에 몸 좀 풀까? 주어진 낱말과 뜻풀이에서 공통점을 찾아 빈칸에 써 보자.

강당
강의나 의식을 하는 데 쓰는 큰 집

성당
카톨릭의 종교의식을 행하는 집

식당
음식을 먹거나 음식을 파는 집

☐ 이란 글자가 있어.

☐ 이란 뜻이 있어.

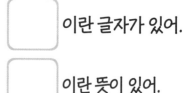

궁궐
왕이 사는 집

궁전
왕이 나랏일을 보는 큰 집

용궁
바닷속에 있다는 용왕의 집

☐ 이란 글자가 있어.

☐ 이란 뜻이 있어.

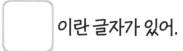
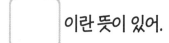

교실
학교에서 오직 수업에 쓰이는 방

거실
가족이 함께 쓰고 손님을 맞는 방

침실
잠을 자는 방

☐ 이란 글자가 있어.

☐ 이란 뜻이 있어.

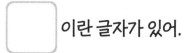
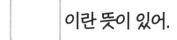

안방
집주인이 거처하는 방

방문
방으로 드나드는 문

셋방
돈을 주고 빌려 쓰는 방

☐ 이란 글자가 있어.

☐ 이란 뜻이 있어.

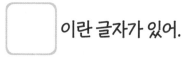

가옥
사람이 살기 위해 지은 집

한옥
우리나라 고유의 형식으로 지은 집

옥상
평평하게 만든 집의 윗부분

☐ 이란 글자가 있어.

☐ 이란 뜻이 있어.

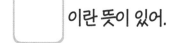

능글능글 엑스 파일

능글능글이 서울을 소개하는 안내지에 손을 대었네. 모두 집을 가리키는 말들이래. 뎅글뎅글 읽어낼 수 있지? 바꿔 놓은 글자를 짐작해 빈칸에 써 봐.

헐, 제법이구만. 그럼 제대로 해봅시다. 교통카드에 쓰인 낱말에서 한자를 찾아내 바꿨다오. 어떤 글자인지 알아보겠소? 알아본다면 빈칸에 써 보시오.

창덕궁 덕수궁 같은 옛 궁궐
고宮

임금이 사는 큰 집
宮궐

조선의 으뜸 궁궐
경복宮

노래房

머리房

빨래房

사람이 살기 위해 지은 집
가屋

회사가 있는 건물이나 집
사屋

평평하게 만든 지붕의 위
屋상

화장室

응급室

오락室

의원들이 회의를 하는 집이나 건물
의사堂

예배를 드리는 큰 집
예배堂

마을 노인이 모여 쉬거나 즐기는 집
경로堂

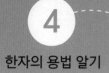
그렇다면 말이야

제법 글 좀 볼 줄 아시는구만. 과연 내가 바꾼 글자를 읽어내는 거요? 좀 더 따져 봅시다. 내가 외는 말을 듣고 빈칸에 알맞은 글자를 써 보시오.

식堂은 **식**당이고, 밥 먹는 **집**
서堂은 **서**당이고, 글 배우는 **집**
성堂은 **성**당이고, 성스러운 **집**

그렇다면

堂은

☐ 이라 읽고

집이라는 뜻

왕宮은 **왕**궁이고, 왕의 **집**
용宮은 **용**궁이고, 용왕의 **집**
고宮은 **고**궁이고, 옛날 왕의 **집**

그렇다면

宮은

☐ 이라 읽고

집이라는 뜻

안房은 **안**방이고, 주인의 **방**
독房은 **독**방이고, 혼자 쓰는 **방**
뒷房은 **뒷**방이고, 뒤에 딸려있는 **방**

그렇다면

房은

☐ 이라 읽고

방이라는 뜻

가屋은 **가**옥이고, 사람 사는 **집**
사屋은 **사**옥이고, 회사가 있는 **집**
한屋은 **한**옥이고, 한국 전통적인 **집**

그렇다면

屋은

☐ 이라 읽고

집이라는 뜻

병室은 **병**실이고, 환자가 머무는 **집(방)**
화室은 **화**실이고, 화가가 그림 그리는 **집(방)**
교室은 **교**실이고, 학교에서 공부하는 **집(방)**

그렇다면

室은

☐ 이라 읽고

집(방)이라는 뜻

室은 '특별한 목적을 둔 방'이라는 뜻도 있어.

뜻 품은 한자말

허탈하구만. 나는 아무 말이나 한자로 바꾸지 않소. 어떤 뜻을 품고 있
는 글자만 한자로 바꾸지. 주어진 뜻을 품고 있는 낱말을 가려내 ◯표 해 보시오.

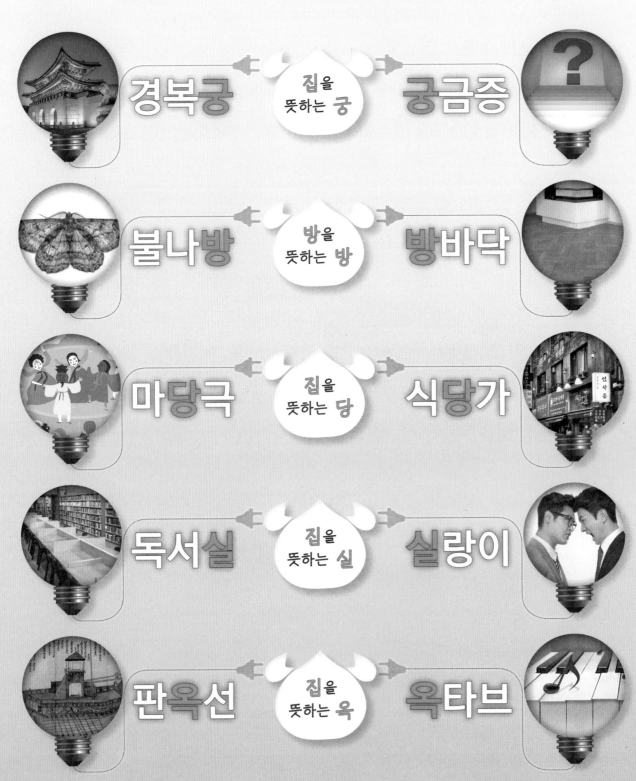

경복궁 ← 집을 뜻하는 궁 → 궁금증

불나방 ← 방을 뜻하는 방 → 방바닥

마당극 ← 집을 뜻하는 당 → 식당가

독서실 ← 집을 뜻하는 실 → 실랑이

판옥선 ← 집을 뜻하는 옥 → 옥타브

능글능글 가훈

잘도 하는군! 어떤 집의 가훈을 쓴 액자들이오. 비슷비슷한 모양의 한자들을 함께 써 넣었지. 내보인 '뜻과 소리'에 맞는 한자를 골라 ◯표 해 보시겠소?

집
궁

官 宮 客 容

집
실

宗 完 宇 室

방
방

房 放 戸 所

집
당

常 堂 富 賞

집
옥

屋 展 屈 室

인정하긴 싫지만 대단하시오. 이번엔 한자의 '뜻과 소리'를 보이겠소. 그 한자가 쓰이지 '않은' 낱말을 집어내 ◯표 해 보시오.

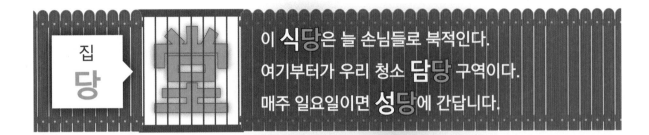

집
당

이 **식당**은 늘 손님들로 북적인다.
여기부터가 우리 청소 **담당** 구역이다.
매주 일요일이면 **성당**에 간답니다.

집
궁

경복궁으로 체험학습을 갑니다.
궁리 끝에 나온 좋은 생각이었다.
왕은 온 **왕궁**을 황금으로 꾸몄다.

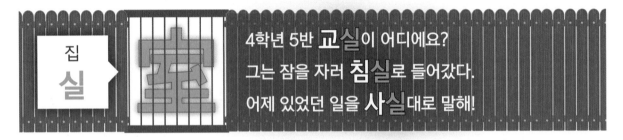

집
실

4학년 5반 **교실**이 어디에요?
그는 잠을 자러 **침실**로 들어갔다.
어제 있었던 일을 **사실**대로 말해!

집
옥

옥탑방에 올라 하늘을 바라보았다.
옥수수가 정말 실하게 잘 자랐지?
한옥에서 겨울나기는 추울 것 같아요.

방
방

이 근처에 **공부방**이 있다던데요?
팔에 **예방** 주사를 맞았습니다.
방문을 안으로 걸어 잠가서 열리지 않아.

갈수록 태산이구만. 긴말은 한자말로 짧게 바꿔버리는 '긴말짧게'요. 녀석이 잘라먹고 게 눈 감추듯 감춘 한자말을 두 눈에 써 넣어 보시오.

글 [서] **書 堂** 집 · 옛날에 아이들이 글을 배우던 집

할아버지는 나중에 시골 [　　] 에서 훈장 노릇을 하셨다.

임금 [왕] **王 宮** 집 · 임금이 사는 큰 집

바리공주는 [　　] 으로 돌아와 부모님을 만날 수 있었습니다.

따뜻할 [온] **溫 室** 집 · 알맞은 따뜻함을 유지하게 만든 집

새로 지은 [　　] 에서는 갖가지 꽃과 식물들이 자란다.

집 **屋 上** 위 · 마당처럼 편평하게 만든 지붕 위

소방 헬기는 불이 난 건물 [　　] 에 사다리를 내렸다.

따뜻할 [난] **暖 房** 방 · 방이나 집을 따뜻하게 하는 일

한동안 집을 비워 둬서 [　　] 을 하지 않았더니 방이 썰렁하네.

아무나 다 하는 건데 뭐 그리 당당하오! 집 한자도 내놓아야 할 듯 해 찜찜하구만. 집 한자로 랩을 펼쳐보겠소. 운으로 삼은 한자가 '쓰인' 낱말을 골라 ◯표 해 보시오.

하늘 천 따 지 **서당**, 사람 잡네 **선무당**, 이럴 수가 **황당**!

꼬치꼬치 **추궁**, 으리으리 **왕궁**, 사리살짝 **살짝궁**!

아까는 **금방**, 카페는 **다방**, 흉내는 **모방**!

춥지 않아 **온실**, 분명하지 않아 **두리뭉실**, 틀리지 않아 **확실**!

염라대왕은 **지옥**, 나쁜 사람은 **감옥**, 한국 사람은 **한옥**!

숨은 한자말 찾기

왼쪽 글에 표시된 말을 한자말 하나로 바꿔 쓸 수 있소? 오른쪽 글
에 답이 되는 낱말이 한 글자씩 숨어 있소이다. 뭐, 필요 없다고?

승준아 너 선생님들이

교재나 수업 준비 같은 일을 보시는 방으로

빨리 오래!

교 무 실

뭐라고, 곧 하**교**할 시간인데
무슨 하**실** 말씀이라도 있으신가?

여보, 둘째도

학문이나 기술을 배우고 익혀

지식을 얻는 것을 하는 방을 만들어 달라는데요.

공

이번 일만 성공하면
전부 해결되는데, 일단 다른 방법을
생각해 봅시다.

두 외국인은

우리나라 전통 방식으로 지은 집이

너무나 아름답다고 입을 모았다.

그러나 생활하는 데는
불편한 점이 많다 그렇지 않다
문제로 옥신각신했다.

와, 이 **천주교의 종교 의식이**

정식으로 행해지는 건물은

100년에 걸쳐 지어진 것이라는데!

아주 조금씩 정성을 모아 형편
되는 대로 지은 것이니까
당연히 그렇게 오래 걸렸을 거야.

베르사유에는

임금이 생활하면서 나랏일을 보는 큰 집이

아주 유명하다고 하던데, 어떻게 찾아가지?

지도를 보고 먼저 궁리를 해 보자고.
안 되면 프랑스 친구 '마리'에게
전화해서 물어 보면 되지.

겉보기 속보기

끄응, 이렇게 잘 하다니. 그럼 이건 어떠하오? 같은 소리가 있는 낱말들이오. 그 중 하나는 속뜻이 다르다오. 속뜻이 '다른' 글자가 든 낱말을 골라 ◯표 해 보시오.

다 모이자
강당

하늘 천 따 지
서당

단맛 나네
포도당

저녁 종소리
성당

임금님 집
왕궁

토끼와 자라
용궁

조선 첫 번째 궁궐
경복궁

금메달 확실
양궁

서점인데
책방

서울 아니면 다
지방

빨래가 쉬워
빨래방

나 혼자 쓰는
독방

감출 수가 없어
진실

비닐하우스
온실

선생님들 계시는
교무실

가족이 도란도란
거실

회사가 있는
사옥

초가집 기와집
한옥

살아서 겪는
생지옥

사람 사는
가옥

이웃집 갸웃집

어이쿠, 이럴 수가. 에잇, 집과 관계있는 한자말을 내 맘대로 아무렇게나 갖다 붙였소. 엉망진창 뒤죽박죽이 된 한자말을 제대로 고쳐 써 보시오.

경복방 室

건넌당 房

옥내화 室

실탑방 屋

서낭방 堂

덕수옥 堂

실바닥 房

방내악 室

한당 室

대강궁 堂

꼬물꼬물 한자말

어이쿠, 이렇게나 잘 하다니. 어디, 새로운 낱말이 나와도 한자를 고를 수 있소? 글에 나온 새 낱말의 뜻을 생각해 보고 알맞은 한자에 ◯표 해 보시오.

학 두루미 鶴
학 배우다 (學)

옛날에는 학교를 **학당**이라고 불렀다네?

當 마땅 당
堂 집 당

궁 집 宮
궁 다하다 窮

처음 먹어 보는 **궁중** 요리였습니다.

重 무겁다 중
中 가운데 중

한 차다 寒
한 우리나라 韓

산 아래 다 쓰러져가는 **한옥** 한 채가 보였다.

玉 구슬 옥
屋 집 옥

병 병 病
병 병사 兵

그는 수술을 받고 **병실**로 옮겨졌습니다.

室 집, 방 실
實 열매 실

약 약 藥
약 약하다 弱

이따가 저기 **약방** 앞에서 다시 만나자.

房 방 방
放 놓다 방

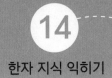
옛사람 한자말

에잇, 집 한자도 넘겨주겠소! 옛 사람들이 쓰던 한자말도 한번 보겠소? 빈
칸에 알맞은 글자를 써서 한자말을 완성해 보시오.

모습이나 크기가 남을 압도할 만큼 위엄이 있다는 뜻.

위엄 위
바람 풍
집 집

威風堂堂
위 풍 ☐ ☐

방에서 책을 읽고 과거를 준비하는 사람이라는 뜻.

옛날에
아내가 남편을
이르던 말

書房님
서 ☐ 님

들어가면 나올 길을 쉽게 찾을 수 없게 되어 있는 곳. 구조가 복잡한 건물.

미로라고도 해.
미는 길을
잃다는 뜻

迷宮
미 ☐

잘했어! 앞에서 읽어낸 한자말은 능글능글이 더 이상 손대지 못할 거야. 한자말의 뜻과 소리를 외면서 한자를 획획 쓰면 확실히 그렇게 되지.

ㄱ ㄱ ㄱ ㄕ ㄕ ㄕ 房 房

房 房 房

방
방

ㄱ ㄱ ㄕ ㄕ ㄕ ㄕ ㄕ 屋 屋

屋 屋 屋

집
옥

한번에 그릴 수 있어!

ˋ ˊ 宀 宀 宀 宕 室 室 室

室 室 室

집
실

ˋ ˊ 宀 宀 宀 宫 宫 宫 宮 宮

宮 宮 宮

집
궁

ˋ ˋ 丷 丷 丷 严 岩 尚 堂 堂

堂 堂 堂

집
당

生

여덟째 주
날

생

날에 대한 능글능글 한자말을
뎅글뎅글 읽어내자.

생겨나다

'날 생'은 능글능글이 절대로 못 내놓는다고 생떼를 쓸 거야. 준비 단단히 해. '날 생'이 든 낱말의 뜻을 생생하게 풀어 놓았어. 빈칸에 알맞은 말을 써 봐.

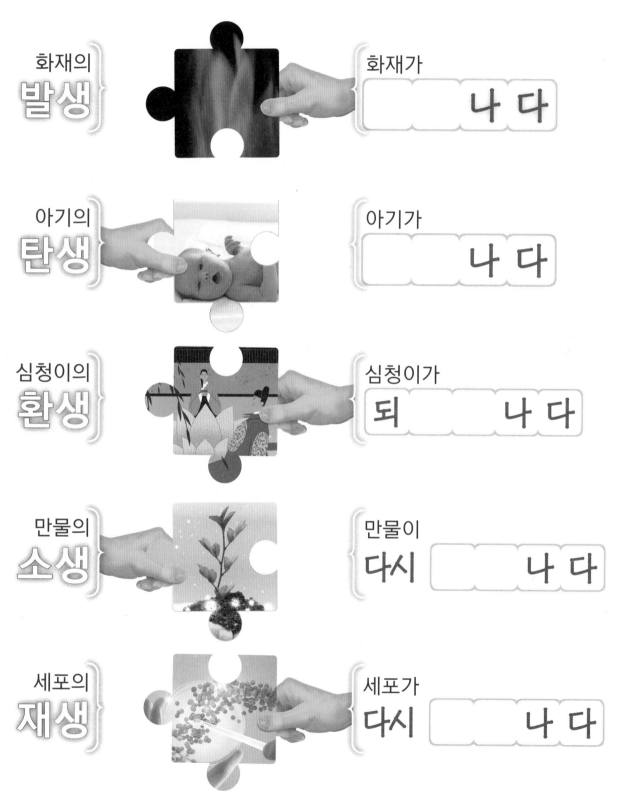

화재의
발생

화재가
☐ ☐ 나 다

아기의
탄생

아기가
☐ ☐ 나 다

심청이의
환생

심청이가
되 ☐ ☐ 나 다

만물의
소생

만물이
다시 ☐ ☐ 나 다

세포의
재생

세포가
다시 ☐ ☐ 나 다

능글능글이 생떼를 쓰고 있어. '날 생'이 쓰인 한자말들을 마구 흩트려 놓았지. 하지만 좀만 생각해 보면 알아낼 수 있어. 뒤죽박죽 낱말을 제대로 써 줘.

백성들의 **생민고**가
갈수록 심해졌다.

국민의 살아가는 데 어려움
생

국민들의 **생고민**,
빨리 해결합시다.

선생은 **생일평**
떠돌아다니며 살았다.

살아 있는 동안
생

김 선생님은
예술에 **평생일**을 바쳤다.

괜한 **고생헛**을
사서 한 셈이구나.

보람도 없이
헛되이 고생하는 일
생

안돼, 지금 나가면
생헛고만 하게 돼.

컴퓨터는 이제 거의
필생품이 되었다.

살아가는데 꼭 필요한 물건
생

마트에서 **품필생**을
싸게 살 수 있어.

아살전생에 그 곳에
가 보고 싶구나.

살아있는 동안
생

선생님 **살생아전**
모습이 떠올랐다.

'생'자 낱말에는 생각지도 못한 뜻이 담기기도 한다오. 익지 않은, 억지스러운, 얼리지 않은 따위의 뜻 말이오. 주어진 뜻에 알맞은 '생'자 낱말을 둘씩 빈칸에 써 보시오.

생쌀
생고기

생고생
생새우

생트집
생김치

익지 않은

억지스러운

얼리지 않은

가짜 학생

'날 생'은 학생을 가리키기도 하오. 학생을 가리키는 말들을 늘어놓았소.
그 중 학생을 가리키지 않는 말 셋을 찾아 ◯표 해 보시오.

신입생　졸업생　재수생　지망생　연년생　고교생　재학생　중고생

모범생　동기생　전교생　수강생　시동생　우등생　장학생　동창생

복학생　고학생　십장생　문하생　상급생　결석생　유학생　훈련생

생짜배기 뉴스

여간내기가 아니군! 뉴스 멘트에 솜씨를 부려 보았소. 生이 들어간 10개의 낱말이 있소. 生이 '잘못 들어간' 낱말 3개를 골라 ◯표 해 보시오.

生짜배기 뉴스를 시작하겠습니다.

생짜배기는 생짜. 익히거나 말리거나 삶지 않은, 날것 그대로의 것.

生기발랄한 **신입**生**들**이 들어왔습니다.

生김새가 각각인 이들은 각각의 희망을 품고

生동감 있는 **야**生의 여러 모습을 찾아보았습니다.

生쥐는 '새앙쥐'의 준말입니다. '새앙쥐'는 본래 '생강처럼 뭉툭하게 생긴 쥐'라는 뜻이었는데, '생쥐'로 줄어들면서 '작고 재빠른 쥐'를 가리키는 것이 되었다고 합니다.

선生**님들은 **유치원**生**들을 돌보았지만 뜻하지 않은

사고로 **生**채기가 났다고 전했습니다.

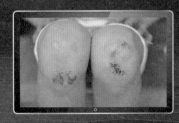

잘도 읽어내는구만! '날 생'자가 든 한자말들이요. 그런데 '날 생'과 아주 비슷한 한 자도 섞어 놓았지! '날 생'이 제대로 들어간 것을 골라 ◯표 해 보시오.

 생뚱하다는 앞뒤가 안 맞고 엉뚱하다는 말이지~

신生대

6500만 년 전부터 지금까지

민矢고

백성들 생활의 어려움

미矢물

맨눈으로 볼 수 없는 아주 작은 생물

선王님

우리 반 담임 ◯◯◯

식牛활

음식과 관련된 생활

신生아

난 지 2주 이내의 갓난아이

야士마

길들여지지 않은 야생의 말

위矢복

위생을 위해 입는 하얀 겉옷

무生물

돌, 물, 흙 따위

재生지

쓰고 버린 종이로 다시 만든 종이

탄씀석

태어난 달을 상징하는 보석

초등年

초등학교에 다니는 학생

'**날 생**'을 생으로 드시려 하는구만. 하지만 生의 여러 가지 뜻을 모르고는
언감생심이요. 生의 마인드맵이오. 生의 갖가지 뜻을 짐작해 써 보시오.

언감생심? 감히 바랄 수도 없다는 말이지.

나 다

땅에서 풀이나 나무가 돋아나는
모습을 본떠 만든 글자.
그래서 본래 '나다'라는 뜻

이제 막 난 것은 손대지 않거나
익히지 않은 것이니까
'날것'이라는 뜻

生

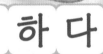

하 다

날것은 가공을 해야 쓸 수 있으니까,
실속이 없다는 '괜하다'는 뜻이 됨

사람의 삶은 늘 배우고
익혀야 하므로
'학생'을 뜻하게 됨

다

세상에 태어난 것은
목숨이 다할 때까지 살아가므로
'살다' 또는 '삶'을 뜻함

다

풀이나 나무가 돋듯,
사람이나 동물이 새끼를 낳으므로
'낳다'를 뜻함

생사람, 아니 생도깨비 잡겠구만. 生이 든 한자말 풀이, 생생풀이라오. 生 한자말을 바르게 풀이한 것을 골라 ◯표 해 보시오.

아침부터 웬 **生트집**이냐?

괜한 트집	산 트집	난 트집

우주에는 다른 **生물체**가 있을까?

괜한 물체	살아 있는 물체	학생 물체

채소는 **生**으로 먹어도 됩니다.

괜한 것으로	날것으로	낳은 것으로

저 두 남매는 **연년生**이다.

한 살 터울로 낳음	한 살 터울로 삶	한 살 터울의 학생

나는 학교 다닐 때 **모범生**이 아니었어.

모범 학생	모범 살이	모범 날것

헛고생 생고생

이거 내가 생고생이오. 댁도 고생 좀 해 보시오. '날 생'이 든 한자말을 내보이겠소. 한자말에 쓰인 '날 생'의 뜻과 '같은' 낱말이 어느 쪽인지 가려 ◯표 해 보시오.

학교 강당에 **전교생**이
모였습니다.

마라톤 경기를 **생방송**으로
중계하겠습니다.

그는 독립운동에
일평생을 바쳤습니다.

제주도는 귤 **생산지**로
유명하답니다.

할아버지 **생신**이
오늘이라고요?

일은 하지 않고
생색만 내고 있네.

우리가 속한 태양계는
45억 년 전에 **탄생**했다.

가게에는 싱싱한
생선이 많았다.

제힘으로 **생활비**를
벌었다.

벗긴 그대로의, 가공하지 않은 가죽

늘어뜨린 **생머리**를
찰랑댔다.

사생 대회

참, 나만 헛고생하는 건가? 사생대회 이야기요. '생'이 든 낱말 가운데 '날 생'이 아닌 낱말이 4개 있소. 찾아내 ◯표 해 보시오.

오늘 **사생** 대회의 주제는 다람쥐입니다. **야생** 다람쥐의 모습을 **생생**하게 그리기는 많이 해 보았지요? 그래서 오늘은 다른 다람쥐 그리기를 해보겠습니다. 어떤 거냐고요? 다람쥐 **생김새**를 그대로 그리기보다 여러분 느낌대로 그리는 겁니다. 마치 **생쥐**를 미키마우스로 그려낸 것처럼 말이지요. 다람쥐의 몸 일부를 **생략**해도 되고 덧붙여도 된답니다. **생판** 다르게 그려도 돼요. 유치원 다니는 **동생**들이 이런 걸 참 잘하지요. 그렇게 해 보는 겁니다.

- **사생** : 풍경이나 실물을 있는 그대로 그림.
- **야생**: 사람의 손이 가지 않고 산이나 들에서 저절로 나서 자람.
- **생생하다**: 힘이나 기운 따위가 왕성하다. 바로 눈앞에 보는 것처럼 명백하고 또렷하다.
- **생략**: 어떤 일의 한 부분을 줄이거나 빼어 짧게 만드는 것.
- **생판**: 아주 낯설고 생소하게.

생날라리 풀이

으헉! 이런 것도 할 수 있소? '生'이 든 한자말을 날라리마냥 풀어 놓았소.
生이 든 한자말을 바르게 써 보시오.

풋풋한 모습에서
입학배우는이들의
새내기 티가 납니다.

	생

공부하려 학교에 새로 들어온 이

우리 반은 우등학생이
한 명도 없다고요.
그럴 수가!

	생

문맥 고려해 행갈이

왜 상관없는 나한테
괜한트집을
부리고 난리야!

아무 까닭도 없이 트집 잡아

길동아, 내일
내 **난일잔치**에
오지 않을래?

세상에 태어난 날 벌이는 파티

사고 현장에서 경찰이
산존자가 있는지
확인하고 있다.

살아남은 이

이 책을 읽고,
나의 **인살이관**이
바뀌었답니다.

어떻게 살아가는 것이 옳은가에 대한 생각

콩쥐는
낳은모를 여의고
계모 밑에서 자랐다.

자기를 낳은 어머니

선인장은 강인한
살아있는명력을
지니고 있습니다.

생명을 유지해 나가는 힘

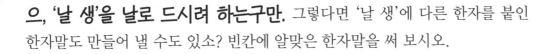

으, '날 생'을 날로 드시려 하는구만. 그렇다면 '날 생'에 다른 한자를 붙인
한자말도 만들어 낼 수도 있소? 빈칸에 알맞은 한자말을 써 보시오.

모래가 많은 땅에서는
식물의 **낳고 기르는 것**이
빠르다.

날   기를
生 育

아파트 때문에 우리의
활동하며 살아감이
많이 달라졌습니다.

날   살
生 活

화성에도 과연
산목숨을 가진 몸이
있을까요?

날   목숨   몸
生 命 體

내고 낳는 이는
소비자의 바라는 바에 따라
물품을 생산합니다.

날   낳을   놈(이)
生 産 者

이 조각상은
살아 움직이는 느낌이
넘친다.

날   움직일 느낌
生 動 感

그의 **낳은 바**(으)로는
2남 1녀가
있습니다.

바   날
所 生

적중 문지기

어이쿠, 이제 생떼라도 써야겠소. 生이 쓰인 한자말 도어록이요. 빈자리에
알맞은 네 글자 한자말을 쓰면 열릴 거요. 힌트는 주리다만 쉽지 않을 게요.

하늘**천**　해 **년**　나눌**분**

발랄**랄**　기운**기**　달 **월**

인연**연**　날 **일**　뿌릴**발**

얼굴**면**　아닐**부**　알 **지**

영희는 그 누구보다도 생☐☐☐
했다.

{ 싱싱한 기운이 있고 기세가 활발함 }

여기에 이름과 생☐☐☐을
기입해 주세요.

{ 태어난 해와 달과 날 }

둘이 저렇게 좋아하는 걸 보면

생☐☐☐ 이 틀림없어.

{ 하늘이 미리 정하여 준 관계 }

나와는 아무 인연이 없는 생☐☐☐
의 사람이다.

{ 전에 만나 본 적이 없어 전혀 모르는 상태 }

힌트!
뒤죽박죽 네 글자
한자말이야.

부생지면
월년생일
분연천생
생랄기발

댁처럼 대단한 이는 난생 처음이오. '생' 한자말도 가져가시옷! 꼭 생이별

하는 기분이오. 옛사람들의 한자말도 알겠소? 빈칸에 알맞은 글자를 써 보시오.

생원은 나이 많은 선비. 쥐를 사람에 비겨 속되게 부르는 말.

쥐 서
즉 쥐생원

鼠 生 員
서

도둑을 익살스럽게 부르는 말.

도둑 도
도둑 선생

盜 先 生
도 선

늙지도 죽지도 않고 오래 산다는 열 가지.

오래도록
산다는
열 가지

해, 산, 물, 돌, 구름, 소나무, 불로초, 거북, 학, 사슴

十 長 生
십

잘했어! 앞에서 읽어낸 '生'은 능글능글이 더 이상 손대지 못할 거야. '生'의 뜻과 소리를 외면서 한자를 획획 쓰면 확실히 그렇게 되지.

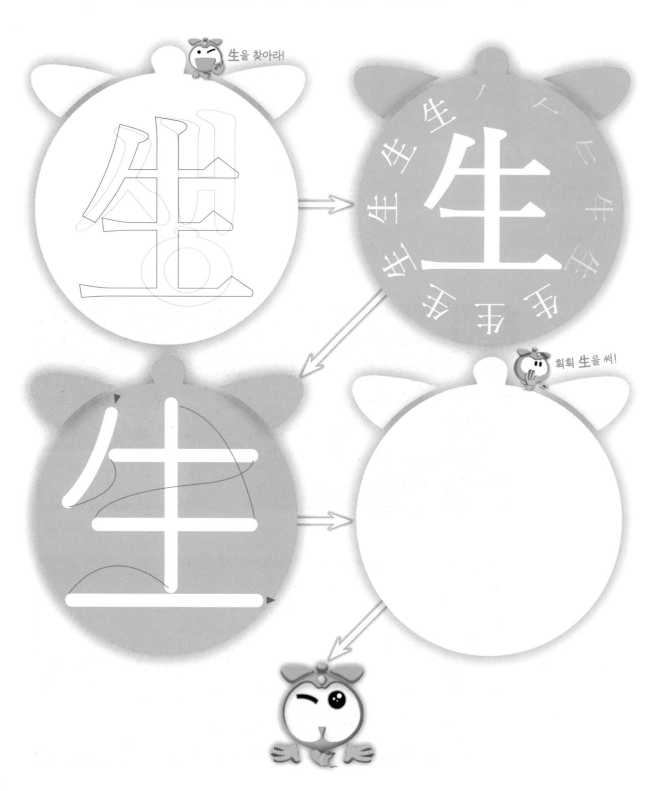

生을 찾아라!

회획 生을 써!

정답 및 풀이

한자 다섯 │ 한자 돋보기 │ 낱말 및 한자 풀이

첫째 주
생활

생활에 대한 한자 다섯

活	─ 살 **활**
居	─ 살 **거**
住	─ 살 **주**
命	─ 목숨 **명**
息	─ 숨 쉴 **식**

12쪽
활, 살다   식, 쉬다   주, 살다
명, 목숨   거, 살다

한자 돋보기 | 살 居, 살 活

• 居는 뜻을 나타내는 주검시엄(尸: 주검)과 음을 나타내는 古(고정시키는 일→거)로 이루어진 글자로, '앉아서 거기에 있음'을 뜻합니다. ≒住

活은 뜻을 나타내는 삼수변(氵=水: 물)과 음을 나타내는 舌(설→활)로 이루어졌습니다. 물이 바위에 부딪치며 물결이 합치고 하여 소리를 내면서 힘차게 흘러가는 것에서 힘차게 활동하는 일을 뜻하게 되었습니다.

13쪽
주   활   거   식   명

14쪽
활   주   거   식   명

15쪽
활   명   거   식   주

16쪽
주   활   거   식   명

17쪽

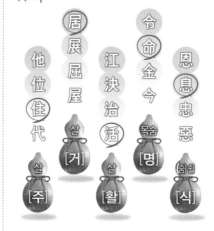

18쪽
활쏘기   주목(注目)   거인(巨人)
음식(飮食)   설명서(說明書)

낱말 및 한자 풀이

• **활동(活動)**: 몸을 움직여 행동함.
• **재활용(再活用)**: 낡거나 못 쓰게 된 용품 따위를 용도를 바꾸거나 손질을 가하여 다시 이용함.
• **활쏘기**: 활을 쏘는 일. 또는 그런 기술.
• **주목(注目)**: 관심을 가지고 주의 깊게 살핌. 注-부을 주.
• **주민(住民)**: 일정한 지역에 사는 사람.
• **주소(住所)**: 사람이 살고 있는 곳이나 기관, 회사 따위가 자리 잡고 있는 곳을 행정 구역으로 나타낸 것.
• **거실(居室)**: 가족이 일상 모여서 생활하는 공간.
• **거인(巨人)**: 몸이 아주 큰 사람. 巨-클 거.
• **음식(飮食)**: 사람이 먹는 밥이나 국 따위. 食-먹을 식.
• **안식(安息)**: 편히 쉼.

• **휴식(休息)**: 하던 일을 멈추고 잠깐 쉼.
• **수명(壽命)**: 어떤 것이 살아 있는 기한.
• **구명조끼(救命--)**: 물에 빠져도 몸이 뜰 수 있도록 만든 조끼.
• **설명서(說明書)**: 내용이나 이유, 사용법 따위를 설명한 글. 明-밝을 명.

19쪽
활력   인명   주택
휴식   동거

20쪽

21쪽

22쪽

특활　　　질식　　　이주
생명　　　주거

| 낱말 및 한자 풀이 |

- **교활(狡猾):** 간사하고 꾀가 많음. 猾-교활할 활.
- **특활(特活):** 특별 활동.
- **윤활(潤滑):** 기름기나 물기가 있어 뻑뻑하지 아니하고 매끄러움. 滑-미끄러울 활.
- **질식(窒息):** 숨이 막힘.
- **지난주(--週):** 이 주의 바로 앞의 주. 週-돌 주.
- **이주(移住):** 다른 곳이나 나라에 옮겨가서 삶.
- **비명(悲鳴):** 위험이나 몹시 두려움을 느낄 때 지르는 외마디 소리. 鳴-울 명.
- **선거(選擧):** 일정한 조직이나 집단이 대표자나 임원을 뽑는 일. 擧-들 거.
- **과거(過去):** 지나간 때. 去-갈 거.

23쪽

이주

독거노인　　　　탄식
주소　　　　　　연명

| 낱말 및 한자 풀이 |

- **독거노인(獨居老人):** 가족 없이 혼자 살아가는 노인.
- **연명(延命):** 목숨을 겨우 이어감.

24쪽

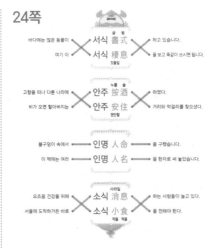

| 낱말 및 한자 풀이 |

- **서식(書式):** 증서, 원서, 신고서 따위와 같은 서류를 꾸미는 일정한 방식. 書-글 서.
- **서식(棲息):** 생물 따위가 일정한 곳에 자리를 잡고 삶.
- **안주(按酒):** 술 마실 때 곁들여 먹는 음식. 酒-술 주.
- **안주(安住):** 한곳에 자리잡고 편히 삶.
- **인명(人名):** 사람의 이름.
- **소식(消息):** 안부를 전하는 말이나 글.
- **소식(小食):** 음식을 적게 먹음.

25쪽

순식간　　　활동사진　　　감감무소식

26쪽

住　　居　　命　　活　　息

둘째 주
일

일에 대한 한자 다섯

農 — 농사 **농**
工 — 장인 **공**
商 — 장사 **상**
事 — 일 **사**
業 — 일 **업**

28쪽

장사, 상　　　　장인, 공
일, 업　　　　　일, 사

29쪽

사　　　공　　　농　　　상　　　업

30쪽

농　　　공　　　상　　　업　　　사

31쪽

농산물　　　고물상　　　기능공
수공업　　　사업가

32쪽

농　　　상　　　공　　　업　　　사

33쪽

34쪽
농구장   주인공   업어치기
사계절   생일상

낱말 및 한자 풀이

- **농기구(農器具)**: 농사를 짓는 데 쓰는 기구. 농구.
- **농악대(農樂隊)**: 풍물놀이를 하는 사람들의 조직적인 무리.
- **농구장(籠球場)**: 농구 경기를 하는 경기장. 籠-대그릇 농(롱).
- **수리공(修理工)**: 헐거나 고장 난 것을 고치는 일을 맡아 하는 기능공.
- **주인공(主人公)**: 연극, 영화, 소설 따위에서 사건의 중심이 되는 인물. 公-공평할 공.
- **기능공(技能工)**: 기술상의 재능을 가진 숙련된 노동자나 일정한 기술 자격을 취득한 사람.
- **목축업(牧畜業)**: 가축을 기르는 사업.
- **대기업(大企業)**: 자본금과 시설, 사원 따위의 수나 규모가 아주 큰 기업.
- **업어치기**: 씨름에서, 몸을 돌려 상대편

을 업는 것처럼 둘러메치는 기술. 유도에서, 상대편을 등에 업어서 어깨 너머로 크게 원을 그리며 메치는 손 기술.
- **사무실(事務室)**: 사무를 보는 방.
- **눈인사(-人事)**: 눈짓으로 가볍게 하는 인사.
- **생일상(生日床)**: 생일을 축하하기 위하여 음식을 차려 놓은 상. 床-상 상.
- **노점상(露店商)**: 길가의 한데에 물건을 벌여 놓고 하는 장사. 또는 그런 장수.
- **만물상(萬物商)**: 일상생활에 필요한 온갖 물건을 파는 장사. 또는 그런 장수.

35쪽
소매상   기능공   수작업   의사당

36쪽
제조업   만물상   가공   경사

낱말 및 한자 풀이

- **워밍업(warming-up)**: 준비 운동. 혹은 어떤 일을 본격적으로 하기에 앞서 시험삼아 해 보는 일.
- **제조업(製造業)**: 물품을 대량으로 만드는 사업.
- **비정상(非正常)**: 정상이 아님. 常-항상 상.
- **동영상(動映像)**: 움직이는 영상. 像-모양 상.
- **만물상** → 34쪽 풀이
- **인상(人相)**: 사람 얼굴의 생김새. 相-서로 상.
- **주인공** → 34쪽 풀이
- **대성공(大成功)**: 크게 성공함. 또는 그런 성공. 功-공 공.
- **농구공(籠球-)** 농구를 할 때에 쓰는 공. 적갈색 바탕에 까만 줄무늬가 있다.

- **가공(加工)**: 원자재나 반제품을 인공적으로 처리하여 새로운 제품을 만들거나 제품의 질을 높임.
- **조종사(操縱士)**: 일정한 자격을 갖추고 항공기를 조종하는 사람. 士-선비 사.
- **마법사(魔法師)**: 마법을 부리는 사람. 師-스승 사.
- **출판사(出版社)**: 책을 출판하는 회사. 社-모일 사.
- **경사(慶事)**: 축하할 만한 기쁜 일.

37쪽
농민   상술   개업   가사

38쪽
농지   허사   부업
석공   상인

39쪽

낱말 및 한자 풀이

- **농구(籠球)** → 34쪽 풀이
- **농구(農具)**: 농사를 짓는 기구.
- **상품(商品)**: 사고파는 물건.
- **상품(賞品)**: 상으로 주는 물품. 賞-상 줄 상.
- **사고(思考)**: 생각하고 궁리함. 思-생각 사.
- **교통사고(交通事故)**: 교통기관을 이용하는 중에 일어난 뜻밖의 불행한 일.
- **공사(公私)**: 공공의 일과 사사로운 일.
- **공사(工事)**: 토목·건축 등에 관한 일.
- **기사(技士)**: 운전기사.
- **기사(記事)**: 신문, 잡지 등에 실린 어떠한 사실을 알리는 글.

40쪽

사대   대농   농약   약재상 상인
인공   공작   작업   업적

41쪽

공부   검사겸사
다반사   대상

- **다반사(茶飯事)**: 다반사는 본디 불교에서 나온 말로, 차를 마시고 밥을 먹는 일을 뜻합니다. 불교 중에서도 선종에서 유래한 말로, 참선 수행을 하는 데는 유별난 방법이 있는 것이 아니고, 차를 마시고 밥을 먹듯이 일상생활이 곧 선으로 연결된다는 것을 상징합니다. 지금은 예사로운 일이나 항상 있는 일 등, 별 대수롭지 않은 일을 가리키는 말로 쓰입니다.
- **대상(隊商)**: 무리를 지어 여행하는 상인·순례자·여행가 등의 집단입니다. 영어로는 카라반(caravane)이라 하는데 페르시아의 카르반(Kārvān)에서 온 말이라고 하지요.
대상은 사막이나 초원, 험한 산악지역, 심지어 극지까지 각 문명권을 연결하면서 장사를 했습니다. 여행에서 닥칠 위험을 피하기 위해 여러 명이 하나의 모임을 만들어 움직였습니다. 소금과 차 값비싼 장신구나 각 지역 특산품을 사고팔았지요.
대상이 다니는 교역로에는 일정 거리마다 쉬어가는 거점이 있었는데 이들은 여기서 듣고 본 것을 서로 나누고, 물건을 사고팔면서 다양한 문화가 서로 교류하는 데 큰 역할을 하였습니다. 대상이 다니는 여러 길 가운데 '비단길(실크로드)'은 널리 알려져 있습니다.

42쪽

工   事   商   農   業

사람들에 대한 한자 다섯

主	주인 **주**
客	손님 **객**
個	낱 **개**
各	각각 **각**
友	벗 **우**

44쪽

주, 주인   객, 손님
우, 벗   각, 각각
개, 낱낱

45쪽

주   객   우   각   개

46쪽

주   객   우   개   각

47쪽

주인공   전우   개인기   가지각색

낱말 및 한자 풀이

- **주인공** → 34쪽 풀이
- **주름살**: 피부가 노화하여 생긴 잔줄.
- **주머니**: 자질구레한 물품 따위를 넣어 허리에 차거나 들고 다니도록 만든 물건. 혹은 옷의 일정한 곳에 헝겊을 달거나 옷의 한 부분에 헝겊을 덧대어 돈, 소지품 따위를 넣도록 만든 부분.
- **여우**: 갯과에 속한 야행성 포유동물.

- **우물**: 물을 얻기 위하여 땅을 파고 물이 괴게 만든 시설.
- **전우(戰友)**: 전쟁터에서 함께 싸우거나 군대 생활을 함께한 동료.
- **일개미**: 집을 짓거나 먹이를 나르고 저장하는 일을 하는 개미.
- **개인기(個人技)**: 개인의 기술. 단체 경기를 하는 운동에서의 개인의 기량뿐 아니라 개인의 특별한 장기라는 뜻으로도 널리 쓰인다.
- **무지개**: 대기 중에 떠 있는 물방울이 햇빛을 받아 반원형으로 나타나는 일곱색깔의 띠.
- **각시탈**: 하회 별신굿 등장인물의 하나인 각시가 쓰는 탈. 갓 결혼한 젊은 부인으로서 실눈을 반쯤 뜨고 입을 꾹 다물어 조용하고 차분한 모습이다.
- **별생각(別--)**: 별다른 생각.
- **가지각색(--各色)**: 모양이나 성질 따위가 서로 다른 여러 가지.

48쪽
주어   여객   교우   개인   각국

49쪽

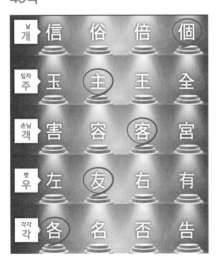

50쪽

51쪽
상주   주류   주의   군주

| 낱말 및 한자 풀이 |

- **주동(主動)**: 어떤 일에 주장이 되어 움직임.
- **상주(喪主)**: 부모나 조부모가 세상을 떠나서 상 중에 있는 사람 가운데 주(主)가 되는 사람.
- **주류(主流)**: 강의 원줄기가 되는 큰 흐름.
- **지주(地主)**: 토지의 소유자.
- **주권(主權)**: 가장 주요한 권리.
- **주도(主導)**: 주동적인 처지가 되어 이끎.
- **주관(主觀)**: 자기만의 견해나 관점.
- **군주(君主)**: 세습적으로 나라를 다스리는 최고 지위에 있는 사람.
- **주범(主犯)**: (형법에서) 자기의 의사에 따라 범죄를 실제로 저지른 사람. 또는 어떤 일에 대하여 좋지 아니한 결과를 만드는 주된 원인.

52쪽
우주   주말   개학날   각도

| 낱말 및 한자 풀이 |

- **우애(友愛)**: 형제간 또는 친구 간의 사랑이나 정분.
- **우의(友誼)**: 친구 사이의 서로 사귀어 친하여진 정.
- **우주(宇宙)**: 무한한 시간과 온갖 사물을 포괄하는 공간. 宇-집 우.
- **주말(週末)**: 한 주일의 끝 무렵.
- **개수(個數)**: 낱개로 된 물건의 수효.
- **개학(開學)**: 방학이나 휴교 따위로 한동안 쉬었던 학업을 다시 시작함. 開-열 개.
- **각지(各地)**: 각 지방, 여러 곳.
- **각도(角度)**: 각의 크기. 角-뿔 각.
- **각자(各自)**: 각각의 자기 자신.

53쪽
위주   승객   교우   별개   각국

54쪽
주장   급우   별개   제각각

| 낱말 및 한자 풀이 |

- **경주(競走)**: 사람, 자동차, 동물 등이 일정한 거리를 달려 그 빠르기를 겨룸. 走-달릴 주.
- **주장(主將)**: 팀을 대표하는 선수.
- **연주(演奏)**: 악기를 다루어 곡을 표현하거나 들려주는 일. 奏-아뢸 주.
- **영화배우(映畵排優)**: 영화에 출연하는 배우. 優-넉넉할 우.
- **급우(級友)**: 같은 학급에서 배우는 벗.
- **경우(境遇)**: 어떤 일의 사리나 도리 혹은 놓여 있는 조건이나 놓이게 된 형편이나 사정. 遇-만날 우.

- **소개(紹介)**: 잘 알고 있지 못하거나 알려지지 않은 것을 설명하여 알려 줌. 介-낄 개.
- **대개(大概)**: 대부분. 概-대개 개.
- **별개(別個)**: 관련성이 없이 서로 다름.
- **조각(彫刻)**: 재료를 새기거나 깎아서 입체 형상을 만듦. 刻-새길 각.
- **감각(感覺)**: 눈, 코, 귀, 혀, 살갗을 통하여 바깥의 어떤 자극을 알아차림. 혹은 사물에서 받는 인상이나 느낌. 覺-깨달을 각.

55쪽

객실   주제   우정   각부

56쪽

자주와   객지에서   우정은
개성을   각종

57쪽

조물주   주객   혈우병

58쪽

友   主   各   客   個

넷째 주
장소

장소에 대한 한자 다섯

虛 — 빌 **허**
陸 — 뭍 **륙**
所 — 바 **소**
場 — 마당 **장**
處 — 곳 **처**

60쪽

장, 마당   소, 바
처, 곳   허, 비어 있다
륙, 뭍

61쪽

장   처   육   소   허

62쪽

처   소   허   장   륙

63쪽

피난처   허영심
발전소   주차장

| 낱말 및 한자 풀이 |

- **피난처(避難處)**: 재난을 피하여 거처하는 곳.
- **돌부처**: 돌로 만든 부처.
- **제스처(gesture)**: 말의 효과를 더하기 위하여 하는 몸짓이나 손짓.
- **허리띠**: 바지 따위가 흘러내리지 않게 옷의 허리 부분에 둘러매는 띠. 벨트.

- **허영심(虛榮心)**: 자신의 분수에 어울리지 않는 필요 이상의 겉치레나 외관상의 화려함에 들뜬 마음.
- **허벅지**: 넓적다리의 위쪽 부분.
- **맙소사**: 어처구니없는 일을 보거나 당할 때 탄식조로 내는 소리.
- **발전소(發電所)**: 전기를 일으키는 시설을 갖춘 곳. 수력·화력·원자력·풍력·조력·태양광·지열 따위로 발전기를 돌려 전기를 일으킨다.
- **소시지(sausage)**: 으깨 양념한 고기를 돼지 창자 따위에 채워 만든 가공 식품.
- **으름장**: 말과 행동으로 위협하는 짓.
- **주차장(駐車場)**: 차를 세워 두도록 마련한 곳.
- **어깃장**: 순순히 따르지 않고 반항하는 말이나 행동.

64쪽

거처   허공   조선소
공사장   내륙

65쪽

뭍 **륙**	院	陸	街	防
곳 **처**	虎	處	慮	虛
바 **소**	折	斷	新	所
빌 **허**	處	虎	慮	虛
마당 **장**	陽	腸	場	易

66쪽

所

일

기 관

곳

67쪽

연구하는 기관   느낀 것

머무를 곳   무덤을 쓴 곳

68쪽

피륙   허파   고장

제스처   코뿔소

| 낱말 및 한자 풀이 |

- **착륙(着陸)**: 비행기 따위가 공중에서 활주로나 판판한 곳에 내림.
- **피륙**: 아직 끊지 아니한 베나 무명, 비단 따위의 천을 통틀어 이르는 말. 베틀로 천을 짠 뒤 필요에 따라 끊어 쓰는데, 아직 끊지 않은 천이라는 뜻이다.
- **상륙(上陸)**: 배에서 육지로 오름.
- **허파**: 호흡기 기관 중 하나. 폐.
- **허점(虛點)**: 허술한 구석, 불충분한 점.
- **허공(虛空)**: 텅 빈 공중.
- **고장**: 사람이 많이 사는 지방이나 지역. 어떤 물건이 특히 많이 나거나 있는 곳.
- **해수욕장(海水浴場)**: 해수욕하기 알맞은 시설과 환경이 있는 바닷가.
- **골프장(--場)**: 골프를 칠 수 있도록 설치한 경기장.

- **휴식처(休息處)**: 휴식하는 곳. 쉼터.
- **제스처** → 63쪽 풀이
- **거래처(去來處)**: 돈이나 물건 따위를 계속 거래하는 곳.
- **명소(名所)**: 이름난 곳.
- **연구소(研究所)**: 연구를 전문으로 하는 기관.
- **코뿔소**: 포유류 코뿔솟과에 속한 육중하고 발굽 있는 동물.

69쪽

정처   허무   소감   매장   이륙

70쪽

정처   허풍   장소

공사장   육상

| 낱말 및 한자 풀이 |

- **처량하다(凄涼--)**: 마음이 구슬퍼질 정도로 외롭거나 쓸쓸하다. 凄-쓸쓸할 처.
- **처자식(妻子息)**: 아내와 자식을 아울러 이르는 말. 妻-아내 처.
- **면허(免許)**: 특정한 일을 할 수 있는 공식적인 자격을 행정 기관이 허가함. 許-허락할 허.
- **허풍(虛風)**: 실제보다 지나치게 과장하여 믿음성이 없는 말이나 행동.
- **소화기(消火器)**: 불을 끄는 기구. 消-사라질 소.
- **소장(所長)**: 연구소, 출장소 등의 '소(所)'라고 이름 붙인 곳의 우두머리.
- **고장(故障)**: 기구나 기계가 제대로 움직이지 못하게 되는 기능상의 장애. 障-막을 장.
- **육상(陸上)**: 뭍 위.
- **육류(肉類)**: 먹을 수 있는 짐승의 고기 종류. 肉-고기 육.

71쪽

도장(道場)   산소(山所)

소재(所在)   요소(要所)

처형(處刑)

| 낱말 및 한자 풀이 |

- **도장(圖章)**: 개인, 단체, 관직 따위의 이름을 나무, 뼈, 뿔, 수정, 돌, 금 따위에 새겨 문서에 찍도록 만든 물건. 章-글 장.
- **산소(酸素)**: 공기의 중요한 성분인 무색, 무미, 무취의 기체. 素-본디 소.
- **소재(素材)**: 어떤 것을 만드는 데 바탕이 되는 재료.
- **소재(所在)**: 어떤 곳에 있음 또는 그런 곳.
- **요소(要素)**: 어떤 사물을 구성하거나 효력을 발생시키기 위하여 없어서는 안 될 근본적인 조건이나 성분.
- **처형(妻兄)**: 아내의 언니.
- **처형(處刑)**: 형벌에 처함.

72쪽

처세술   허영심   안내소

난장판   육해공군

73쪽

백일장   아수라장   허풍선이

 한자 돋보기

- **백일장(白日場)**: 조선시대에 과거 형식을 흉내 내어 시험관이 있는 가운데 시제(試題)를 내걸고 즉석에서 시문을 짓도록 하여 그 성적이 뛰어난 사람에게 장원을 주어 표창한 모임입니다. 과거는 관에서 주도하고 관리로 뽑힐 기회였지만, 백일장은 민간에서 주도되며 문학적 명예만이 주

어졌지요. 그래도 자신의 기량을 뽐내기 위해 여러 곳에서 이런 모임이 활발히 운영되었습니다.

달밤에 주로 뜻이 맞는 사람들이 모여 친목을 도모하고 시재를 서로 견주어 보기도 하는 망월장(望月場)과 대조적인 의미로 대낮(白日)에 글 솜씨를 겨룬다 하여 백일장이라는 말이 생겨났을 것으로 추정합니다.

- **아수라장(阿修羅場)** '아수라'는 산스크리트어 Asura의 음역입니다. 아수라는 증오심이 가득하여 싸우기를 좋아해 싸움의 신으로 불렸습니다. 아수라들이 사는 곳에서는 싸움이 끊이지 않아 아수라장(아수라의 마당)은 끊임없이 분란과 싸움이 일어나 난장판이 된 곳입니다. 줄여서 수라장이라 하지요.
- **허풍선이(虛風扇-)**: '허풍선'은 본래 숯불을 피우기 위해 풀무질을 하던 손풀무의 일종인데, 아코디언처럼 생긴 풀무의 손잡이를 잡고 폈다 오므렸다 하여 바람을 내는 기구입니다. 바람을 일으킬 때마다 옆에 달린 바람주머니가 크게 부풀어 올랐다가 곧 가라앉아 홀쭉해지지요.

허풍선(국립민속박물관)

떠벌리기 좋아하는 사람의 말도 '허풍선'이라는 풀무처럼 금방 홀쭉해져서 처음의 형태를 알아볼 수 없기 때문에 '허풍선이'라는 이름이 붙은 것이지요. '허풍선이'는 '허풍선'이라는 기존 명사에 사람을 가리키는 접미사 '이'가 붙어서 과장이 심하고 허풍을 떠는 사람을 가리킵니다.

74쪽

所　陸　處　虛　場

다섯째 주 직업

직업에 대한 한자 다섯

士	— 선비 **사**
員	— 인원 **원**
官	— 벼슬 **관**
師	— 스승 **사**
職	— 직분 **직**

76쪽

사, 선비　　　관, 벼슬
원, 인원　　　사, 스승
직, 직분

77쪽

직　　사　　사　　원　　관

78쪽

직　　사　　원　　관　　사

79쪽

영양사　　종업원　　취직
한의사　　외교관

- **원숭이**: 포유류 영장목 중에서 사람을 제외한 동물을 통틀어 이르는 말.
- **종업원(從業員)**: 어떤 업무에 종사하는 사람. 從-좇을 종.
- **원피스(one-piece)**: 윗도리와 아랫도리가 하나로 붙어 있는 옷.
- **매직(magic)**: 매직펜.
- **취직(就職)**: 일정한 직업을 잡아 직장에 나감.
- **아직**: 때가 되지 못하였거나 미처 이르지 못하였음을 나타내는 말.
- **고사리**: 양치식물 고사릿과에 속한 여러해살이풀. 어린잎을 나물로 먹는다.
- **한의사(韓醫師)**: 한의술과 한약으로 병을 치료하는 사람.
- **장사꾼**: 장사를 업으로 하는 사람을 얕잡아 이르는 말.
- **관두다**: 고만두다(하던 일을 안 하고 그치다)의 줄임말.
- **관광객(觀光客)**: 관광하러 다니는 사람. 觀-볼 관.
- **외교관(外交官)**: 외국에 머물러 있으면서 외교를 맡아 하는 관리나 관직.

80쪽

간호사
역무원　　검역관
조리사　　직장인

- **검역관(檢疫官)**: 전염병이나 해충 등이 외국으로부터 들어오는 것을 막기 위하여, 여객이나 화물 등을 검사 및 소독, 조사하는 일을 맡아보는 관리.
- **조리사(調理士)**: 식품 위생법의 규정에 따른 면허를 갖고 음식점이나 집단 급식소 따위에서 음식을 만드는 일을 직업으로 하는 사람.
- **직장인(職場人)**: 규칙적으로 직장을 다니면서 급료를 받아 생활하는 사람.

81쪽

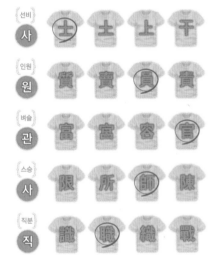

82쪽
감사 입원 회관 오직 식사

| 낱말 및 한자 풀이 |

- **박사(博士)**: 대학원의 박사 과정을 마치고 절차를 밟은 사람에게 주는 학위.
- **장사(壯士)**: 몸이 우람하고 힘이 아주 센 사람.
- **감사(感謝)**: 고맙게 여김. 혹은 그런 마음. 謝-사례할 사.

- **선원(船員)**: 선박의 승무원. 뱃사람.
- **점원(店員)**: 상점에 고용되어 물건 따위를 파는 일을 하는 사람.
- **입원(入院)**: 환자가 치료를 받거나 요양을 하기 위해서 일정 기간 동안 병원에 들어감. 院-집 원.
- **회관(會館)**: 집회나 회의를 위해 지은 건물. 館-집 관.
- **장관(長官)**: 행정 각부의 우두머리.
- **법관(法官)**: 법원에 속하여 재판을 맡아보는 공무원.
- **취직** → 79쪽 풀이
- **오직**: 다른 것은 있을 수 없이.
- **천직(天職)**: 타고난 직업이나 직분.
- **의사(醫師)**: 의술과 약으로 병을 진찰하고 치료하는 사람.
- **교사(教師)**: 일정한 자격을 가지고 학생을 가르치는 사람.
- **식사(食事)**: 끼니로 음식을 먹음. 혹은 그 음식.

83쪽
투우사(鬪牛士)   미화원(美化員)
장관(長官)   약사(藥師)
실직자(失職者)

| 낱말 및 한자 풀이 |

- **투우사(鬪牛士)**: 투우 경기에 참가하여 소와 싸우는 사람.

투우사

- **미화원(美化員)**: 도로나 공공건물, 학교, 병원 등을 청소하는 일을 직업으로 하는 사람.
- **장관** → 82쪽 풀이
- **약사(藥師)**: 자격증을 가지고 의사의 처방에 따라 약을 짓거나 파는 사람.

84쪽
설계사   공무원   전문직
외교관   이발사

| 낱말 및 한자 풀이 |

- **불상사(不祥事)**: 상서롭지 못한 일.
- **공치사(功致辭)**: 자기가 한 좋은 일을 스스로 칭찬하고 자랑함. 辭-말씀 사.
- **공치사(空致辭)**: 빈말로 칭찬함. 또는 그렇게 하는 칭찬의 말.
- **기숙사(寄宿舍)**: 학교나 회사 따위에 딸려 있어 학생이나 사원에게 싼값으로 숙식을 제공하는 시설. 舍-집 사.
- **설계사(設計士)**: 설계를 전문으로 하는 기사(技士).
- **발사(發射)**: 활·총포·로켓이나 광선·음파 따위를 쏘는 일. 射-쏠 사.
- **맙소사** → 63쪽 풀이
- **유치원(幼稚園)**: 초등학교에 들어가기 전의 어린이들을 대상으로 하는 교육 기관. 園-동산 원.
- **동물원(動物園)**: 동물을 모아 먹여서 기르면서 연구하는 한편 일반에게 관람시키는 시설.
- **유인원(類人猿)**: 유인원과에 속한 고릴라, 침팬지, 오랑우탄, 긴팔원숭이를 통틀어 이르는 말. 猿-원숭이 원.
- **과수원(果樹園)**: 과실나무를 전문적으로 재배하는 시설.

- **영원(永遠):** 어떤 상태가 끝없이 이어짐. 遠-멀 원.
- **공무원(公務員):** 국가 또는 지방 자치 단체의 업무를 담당하고 집행하는 사람.
- **점조직(點組織):** 구성원 사이의 체계나 연관 관계가 드러나지 않도록 짜여진 조직. 織-짤 직.
- **재조직(再組織):** 다시 조직함.
- **우지직:** 크고 단단한 물건이 부러지거나 찢어지거나 부서지는 소리. 또는 그 모양.
- **바람직하다:** 바랄 만한 가치가 있다.
- **정직(正直):** 마음에 거짓이나 꾸밈이 없이 바르고 곧음. 直-곧을 직.
- **전문직(專門職):** 전문적인 지식이나 기술이 필요한 직업.
- **도서관(圖書館):** 출판물이나 기록물들을 모아서 보관해 두고 사람들이 이용할 수 있도록 한 시설. 館-집 관.
- **외교관(外交官) →** 79쪽 풀이
- **가치관(價値觀):** 인간이 자기를 포함한 세계나 어떤 대상에 대해 부여하는 가치나 의의에 관한 견해나 입장.
- **미술관(美術館):** 그림, 조각 등의 미술품을 수집, 보관, 전시, 연구하여 일반인이 관람할 수 있도록 만든 시설.
- **습관(習慣):** 오랫동안 되풀이하여 몸에 익은 채로 굳어진 개인적 행동. 慣-익술할 관.
- **체육관(體育館):** 실내에 운동 시설을 갖추어 놓고 그 안에서 운동 경기 및 운동 학습을 할 수 있도록 해 놓은 건물.
- **신문사(新聞社):** 신문을 편집하여 발행하는 회사.
- **암행어사(暗行御史):** 조선 시대, 임금의

특명을 받아 지방 정치의 잘잘못과 백성의 사정을 비밀리에 살펴서 부정 관리를 징계하던 임시 관리. 史-역사 사.
- **살무사:** 뱀목 살무삿과에 속한 파충류 동물. 온몸이 비늘로 싸여 있고 머리는 납작한 세모 모양인데 정수리에 큰 비늘이 있다. 목이 가늘고 독니가 있다. 쥐, 개구리, 작은 뱀 따위를 잡아먹는다. 산의 풀밭에 사는데 한국, 중국 등지에 분포한다. ≒ 독사, 살모사.

살무사

- **이발사(理髮師):** 일정한 자격을 가지고 남의 머리털을 깎고 다듬는 일을 직업으로 하는 사람.
- **나사(螺絲):** 소라의 껍데기처럼 빙빙 비틀어져 고랑이 진 물건. 물건을 고정하는 데에 쓴다. 絲-실 사.
- **불국사(佛國寺):** 경상북도 경주시 진현동의 토함산 기슭에 있는 절. 寺-절 사.

85쪽

전사　　선원　　은사　　직원

| 낱말 및 한자 풀이 |

- **전사(戰士):** 전쟁에서 싸우는 군사.
- **선원(船員):** 선박의 승무원. 뱃사람.
- **은사(恩師):** 가르침을 받은 은혜로운 스승.
- **직원(職員):** 일정한 직무를 담당하는 사람.

86쪽

공직　　　　교사　　　　정원
장관　　　　도사

87쪽

원주민 **전사**는 부족을 보호하기 위해 싸웠지만 안타깝게 모두 **전사**하고 만다.

'비밀의 **정원**' 투어에 오신 여러분, 유적보호를 위해 1일 관람객 **정원**은 백 명으로

환자를 돌보던 **의사**로서 장기를 기증하겠다는 환자의 **의사**를 존중하기로 했다.

"주민 여러분, 우리 구의 살림살이 **관리**는 청렴한 **관리**의 손에 맡겨져야 합니다."

| 낱말 및 한자 풀이 |

- **전사(戰士) →** 85쪽 풀이
- **전사(戰死):** 전쟁에서 죽음. 死-죽을 사.
- **정원(庭園):** 집안의 뜰이나 꽃밭.
- **정원(定員):** 규정에 따라 정해진 인원.
- **의사(醫師) →** 82쪽 풀이
- **의사(意思):** 무엇을 하고자 하는 생각과 뜻. 思-생각할 사
- **관리(管理):** 어떤 일의 사무를 맡아 처리함. 管-대롱 관, 주관할 관.
- **관리(官吏):** 관직에 있는 사람.

88쪽

辯護士	변호사	辯護師
韓醫士	한의사	韓醫師
機關士	기관사	機關師
運轉士	운전사	運轉師
看護士	간호사	看護師
操縱士	조종사	操縱師
設計士	설계사	設計師
美容士	미용사	美容師

변호士 한의師 기관士 운전士
간호師 조종士 설계士 미용師

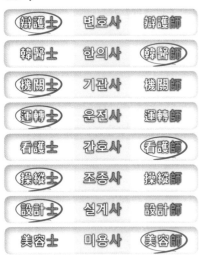

한자 돋보기 | 직업을 나타내는 말

· 사전적인 의미로 '-사(師)'는 (일부 명사
뒤에 붙어) '그것을 직업으로 하는 사람'
의 뜻을 더하는 접미사이고, '-사(士)'는
'직업'의 뜻을 더하는 접미사, '-사(事)'
는 '일'의 뜻을 더하는 접미사입니다. 그
러나 이러한 접미사들이 어떤 기준으로 앞
의 명사를 선택하여 결합하는지는 명확하
게 밝히기 어렵습니다. 관용적인 예는 다
음과 같습니다.

　事: 지사, 판사, 검사, 감사, 이사
　師: 교사, 목사, 의사, 약사, 이발사, 미용사
　士: 변호사, 조종사, 기사, 운전사, 기관사

89쪽
천직　　삼총사　　척척박사

90쪽
士　官　員　師　職

여섯째 주
집안

집안에 대한 한자 다섯

兄 ― 언니(형) **형**
弟 ― 아우 **제**
家 ― 집 **가**
姓 ― 성씨 **성**
宗 ― 으뜸 **종**

92쪽
가, 집안　　성, 성씨　　형, 형
종, 첫째　　제, 아우

한자 돋보기 | 언니 兄? 형 兄?

· 한자 兄의 뜻은 언니입니다. 언니라는 말
은 원래 같은 부모에게서 태어난 사이이
거나 일가친척 가운데 항렬이 같은 동성의
손위 형제를 이르거나 부르는 말이었습니
다. 1928년 『조선일보』와 『조광』에 연
재된 『임꺽정林巨正』에서 임꺽정의 의형
제들이 임꺽정을 "꺽정 언니"라고 칭하지
요. 또, '빛나는 졸업장을 타신 언니께'라
는 졸업식 노래의 '언니'도 여자 선배뿐
아니라 남자 후배가 남자 선배를 칭하는
말이기도 했습니다.

93쪽
성　가　형제　종

94쪽
형　제　가　종　성

| 낱말 및 한자 풀이 |

· **의형제(義兄弟)**: 서로 남이지만 친형
제처럼 지내기로 약속한 관계.
· **주종(主宗)**: 여러 가지 가운데 주가 되
는 것. 예) 이곳의 수출품은 섬유 제품
이 주종을 이룬다.
· **희성(稀姓)**: 매우 드문 성(姓). 우리나
라에서는 정(程), 석(昔), 태(太) 등의
성이 있다.
· **만백성(萬百姓)**: 나라 안의 모든 백성.

95쪽

| 낱말 및 한자 풀이 |

· **종가(宗家)**: 족보로 보아 한 문중에서
맏이로만 이어 온 큰집.

96쪽
폐가　백성　형제　종교인

| 낱말 및 한자 풀이 |

· **요가(산스크리트어 yoga)**: 심신의 건
강법 또는 단련법의 하나.

- **폐가(廢家)**: 버려두어 낡은 집.
- **성에**: 기온이 영하일 때 유리나 벽 따위에 수증기가 허옇게 얼어붙은 서릿발.

97쪽

98쪽

인형   문제   최종   성적   가수

낱말 및 한자 풀이

- **인형(人形)**: 사람이나 동물 모양으로 만든 장난감. 形-모양 형.
- **처형(妻兄)**: → 71쪽 풀이 참조
- **형부(兄夫)**: 언니의 남편을 부르는 말.
- **처제(妻弟)**: 아내의 여동생을 부르는 말.
- **문제(問題)**: 해답을 요구하는 물음. 題-제목 제.
- **주종** → 94쪽 풀이
- **최종(最終)**: 맨 나중. 終-마칠 종.
- **성적(成績)**: 어떤 일을 다 마친 뒤의 결과. 成-이룰 성.
- **가수(歌手)**: 노래 부르는 것을 직업으로 삼는 사람. 歌-노래 가.

99쪽

친형   형제   성명
생가   종주국

100쪽

작은형   형제   백성
가족사진   종갓집

낱말 및 한자 풀이

- **혈액형(血液型)**: 혈액의 유형. 型-거푸집 형.
- **문제(問題)** → 98쪽 풀이
- **화제(話題)**: 이야깃거리.
- **여성(女性), 남성(男性)**: 성의 측면에서 여자, 남자를 이르는 말. 性-성품 성.
- **가재**: 가잿과에 속하는 주로 민물에 서식하는 절지동물. 바닷가재류와 가까운 동물로, 민물가재 혹은 참가재라고도 한다. 한반도 동북부(평북. 함남. 함북)를 뺀 전역에 분포하며 1급수에만 서식한다.

가재 몸길이가 큰 것은 65mm에 달한다.

- **가관(可觀)**: 꼴이 볼만하다는 뜻으로, 남의 언행이나 어떤 상태를 비웃는 뜻으로 이르는 말. 可-옳을 가.
- **종갓집((宗家-)**: 종가.
- **종업원(從業員)** → 79쪽 풀이

101쪽

형제애   의형제   통성명
종친회   가계부

낱말 및 한자 풀이

- **통성명(通姓名)**: 처음으로 인사할 때 서로 성과 이름을 알려 줌.
- **종친회(宗親會)**: 성과 본이 같은 일가붙이끼리 모여서 하는 모꼬지.
- **가계부(家計簿)**: 집안 살림의 수입과 지출을 적는 장부.

102쪽

친형   처제   종가   백성   귀가

낱말 및 한자 풀이

- **귀가(歸家)**: 집으로 돌아감.

103쪽

낱말 및 한자 풀이

- **주종(主宗)** → 94쪽 풀이
- **주종(主從)**: 주인과 부하를 아울러 이르는 말.
- **자제(子弟)**: 남을 높여 그의 아들을 이르는 말.
- **자제(自制)**: 자기의 감정이나 욕망을 스스로 억제함. 制-절제할 제.

- **동성(同性)**: 성별이 같음.
- **동성동본(同姓同本)**: 성씨와 본관이 같음. 본관은 시조가 난 곳.
- **가정(假定)**: 임시로 정함. 假-거짓 가.

104쪽

매형 처형 종묘 사제 성씨

| 낱말 및 한자 풀이 |

- **매형(妹兄)**: 손위누이의 남편.
- **종손(宗孫)**: 종가의 맏손자.
- **종묘(宗廟)**: 조선시대에 역대 왕과 왕비의 위패를 모신 사당.
- **사제(師弟)**: 스승과 제자. 혹은 한 스승의 제자로, 다른 사람보다 늦게 제자가 된 사람.
- **성명(姓名)**: 성씨와 이름.
- **성함(姓銜)**: 성명을 높여 부르는 말.
- **성씨(姓氏)**: 성의 높임말.

105쪽

통성명 종형 집성촌

106쪽

兄 弟 宗 姓 家

일곱째 주
집

집에 대한 한자 다섯

室	— 집, 방 **실**
堂	— 집 **당**
房	— 방 **방**
屋	— 집 **옥**
宮	— 집 **궁**

108쪽

당, 집 궁, 집 실, 방
방, 방 옥, 집

한자 돋보기 | 집을 나타내는 한자

집(건물)은 격과 쓰임새에 따라 한자가 달라집니다.

- **堂**은 흙(土)으로 단을 쌓고 그 위에 높게 지은 건물입니다. 민간 건축물 중 가장 웅장하고 멋진 곳입니다. 그럴듯하게 지었으니 손님을 맞는 공개적인 장소가 되었지요.
- **室**은 집안의 사람들이 생활하는 공간, 재산을 두는 곳, 집안의 중심인물이 기거하는 공간입니다. 그래서 특별한 목적의 방이나 공간(식당, 강당 따위)을 뜻합니다.
- **房**은 집안의 보통 인물이 기거하는 공간이지요.
- **屋**은 물리적인 건물을 뜻합니다.
- **宮**은 옛날에는 (민간의) 가옥을 뜻하다가 나중에 궁궐만을 뜻하게 되었습니다.

109쪽

잠실 경복궁 명동성당
찜질방 한옥마을

110쪽

궁 방 옥 실 당

111쪽

당 궁 방 옥 실

112쪽

경복궁 방바닥 식당가
독서실 판옥선

| 낱말 및 한자 풀이 |

- **궁금증(--症)**: 무엇이 알고 싶어 몹시 답답하고 안타까운 마음.
- **불나방**: 나비목 불나방과에 속한 곤충.
- **마당극(--劇)**: 1970년대 이후에 전통적인 민속 연희인 탈춤, 풍물, 판소리 등을 계승해 변형한 야외 연극.
- **실랑이**: 서로 자기주장을 고집하여 옥신각신하는 일.
- **판옥선(板屋船)**: 조선 시대, 배 위의 네 귀에 기둥을 세우고 사면을 가려 마룻대를 얹어 널빤지로 지붕을 덮은 전투선.

113쪽

집 궁	官 宮 客 容
집 실	宗 完 宇 室
방 방	房 放 戶 所
집 당	常 堂 富 賞
집 옥	屋 展 屈 室

114쪽

담당 궁리 사실
옥수수 예방

| 낱말 및 한자 풀이 |

- **담당(擔當)**: 어떤 일을 넘겨 맡음. 當-마땅 당.
- **궁리(窮理)**: 사물의 이치를 깊이 연구함. 窮-다할 궁.
- **침실(寢室)**: 잠을 자는 방.
- **사실(事實)**: 실제로 있었던 일이나 현재에 있는 일. 實-열매 실.
- **예방(豫防)**: 탈이 나기 전에 미리 막음. 防-막을 방.

115쪽

서당 왕궁 온실 옥상 난방

116쪽

서당 왕궁 다방 온실 한옥

| 낱말 및 한자 풀이 |

- **서당(書堂)**: 글방.
- **선무당**: 서투르고 미숙한 무당.
- **황당하다(荒唐--)**: 말이나 행동 따위가 참되지 않고 터무니없다. 唐-당나라 당, 당황할 당.
- **추궁하다(追窮--)**: 잘못한 일을 엄하게 따져 밝히다. 窮-다할 궁.
- **살짝궁**: 살짝을 강조해 이르는 말.
- **금방(今方)**: 이제 방금.
- **다방(茶房)**: 차를 마시는 곳.
- **모방(模倣)**: 본뜨거나 본받음. 倣-본뜰 방.
- **두리뭉실하다**: 특별히 모나거나 튀지 않고 둥그스름하다.
- **확실하다(確實--)**: 틀림없이 그리하다.

117쪽

- **지옥(地獄)**: 죄를 짓고 죽은 사람들이 끝없이 벌을 받는다는 곳. 獄-옥 옥.
- **감옥(監獄)**: 죄인을 가두어 두는 곳.

117쪽

교무실 공부방 한옥
성당 궁전

118쪽

포도당 양궁 지방 진실 생지옥

| 낱말 및 한자 풀이 |

- **강당(講堂)**: 강의나 의식을 행하는 큰 방이나 건물.
- **포도당(葡萄糖)**: 단당류의 하나. 흰색이 나고 단맛이 난다. 糖-엿 당.
- **양궁(洋弓)**: 서양식 활 또는 그런 활을 쏘는 것. 弓-활 궁.
- **지방(地方)**: 어느 한 방면의 땅.
- **진실(眞實)**: 거짓이 없고 바르고 참됨.
- **사옥(社屋))**: 회사가 들어 있는 건물.
- **생지옥(生地獄)**: 살아서 겪는 지옥이라는 뜻으로, 아주 괴롭고 힘든 곳 또는 그런 상태를 비유적으로 이르는 말.

119쪽

경복궁 건넌방 실내화 옥탑방
서낭당 덕수궁 방바닥 실내악
한옥 대강당

| 낱말 및 한자 풀이 |

- **서낭당(--堂)**: 서낭신을 모신 집.
- **실내악(室內樂))**: 독주 악기를 모아 각각의 악기가 하나씩의 성부를 맡도록

배치하는 기악 합주곡.

120쪽

學堂 宮中 韓屋 病室 藥房

| 낱말 및 한자 풀이 |

- **궁중 요리(宮中料理)**: 예전에, 궁중에서 장만하던 요리.

121쪽

위풍당당 서방님 미궁

 한자 돋보기 | **집과 관련된 말들**

- **위풍당당(威風堂堂)**: 당(堂)은 크고 높게 지은 건물입니다. (민간) 건축물 중 가장 웅장하고 멋진 곳이 당이라, 그 멋진 모습을 당당(堂堂)이라 했습니다. 여기서 바르면서도 웅장한 모습=정정당당(正正堂堂), 풍채나 기세가 위엄 있고 떳떳하다=위풍당당(威風堂堂)이 비롯되었지요.
- **서방님(書房-)**: 과거를 봐서 벼슬을 하기 위해 글방=서방에서 책을 읽는 선비라는 뜻입니다. 나중에 부인이 남편을 이르는 말이 되었지요.
- **미궁(迷宮)**: 고대 그리스 로마인들이 지하나 반지하에 지었던 것으로, 수많은 방과 통로들이 빠져나오기 어려운 구조로 배치되었던 건물을 가리키는 말 labyrinth입니다. 이 말을 한자로 옮긴 것이 미궁입니다. 미궁은 사건이나 문제 따위가 복잡하게 얽혀서 쉽게 해결하지 못하게 된 상태를 비유적으로 이르는 말이 되었지요.

122쪽

房 屋 室 宮 堂

여덟째 주
날

날에 대한 한자 하나

生 — 날 생

124쪽

일어나다　태어나다　되살아나다
다시 살아나다　다시 자라나다

| 낱말 및 한자 풀이 |

- **소생하다(蘇生--)**: 거의 죽어가다 다시 살아나다.
- **재생(再生--)**: 1. 낡거나 버리게 된 물건을 가공하여 다시 쓸 수 있게 만들다. 2. 상실된 생물체의 일부가 다시 자라나다. 3. 녹음하거나 녹화한 음, 영상 등을 다시 들려주거나 보여주다.

125쪽

민생고　일평생　헛고생
생필품　살아생전

126쪽

익지 않은 : 생쌀 생김치
억지스러운: 생고생 생트집
얼리지 않은: 생고기 생새우

 한자 돋보기 | 접두사 생-(生)

- 접두사 생-(生)은 여러 뜻을 단어에 더합니다. '익지 아니한'(생김치·생나물·생쌀), '물기가 아직 마르지 아니한'(생가지·생나무·생장작), '가공하지 아니한'(생가죽·생맥주), '억지스러운' 또는 '공연한'(생고생·생과부·생이별), '혹독한'(생지옥), '얼리지 아니한'(생고기·생갈치·생새우) 등 여러 뜻을 더합니다. 접두사 '날-'과 비슷한 뜻이지요.

127쪽

연년생　시동생　십장생

| 낱말 및 한자 풀이 |

- **연년생(年年生)**: 한 살 터울로 아이를 낳음. 또는 그 아이.
- **시동생(媤--)**: 남편의 남동생.
- **복학생(復學生)**: 정학이나 휴학 중이었다가 다시 학교에 복귀한 학생.
- **고학생(苦學生)**: 학비를 스스로 벌어 공부하는 학생.
- **문하생(門下生)**: 어떤 스승의 아래에서 배우는 제자.
- **십장생(十長生)**: 오래 살고 죽지 아니한다는 열 가지.

128쪽

생김새(←生김새)　생쥐(←生쥐)
생채기(←生채기)

| 낱말 및 한자 풀이 |

- **생짜배기(生---)**: 생짜인 물건 또는 사람. 생짜(生-)는 날것 혹은 어떤 일에 익숙하거나 숙련되지 못한 것 또는 그런 사람을 낮잡아 이르는 말.
- **생기발랄하다(生氣潑剌--)**: 싱싱한 기운이 있고 기세가 활발하다.
- **생김새**: 생긴 모양새.
- **야생(野生)**: 산이나 들에서 저절로 나서 자람. 또는 그런 생물.

- **생쥐**: 쥣과에 속한 포유류의 한 종. 늑새앙쥐.
- **생동감(生動感)**: 살아서 움직이는 것과 같은 느낌.
- **선생님(先生-)**: 학생을 가르치는 사람.
- **생채기**: 손톱이나 날카로운 것 따위로 할퀴어지거나 긁혀 생긴 작은 상처.

129쪽

신生대　민牛고　미失물
선王님　식수활　신生아
야土마　위카복　무生물
재生지　탄솜석　초등年

130쪽

나 다　날 것　괜 하 다　학 생　살 다　낳 다

131쪽
괜한 트집　　살아 있는 물체
날것으로　　한 살 터울로 낳음
모범 학생

132쪽
전교생　　일평생　　생색
탄생　　생머리

 한자 돋보기 | 生의 여러 뜻

- 장학생, 전교생: 학생
- 사생활, 일평생: 살다
- 생가, 생신: 나다
- 출생, 탄생: 낳다
- 생가죽, 생머리: 날것

| 낱말 및 한자 풀이 |

- **생방송(生放送)**: 미리 녹음하거나 녹화한 것을 재생하지 않고, 프로그램의 제작과 방송이 동시에 이루어지는 방송.
- **일평생(一平生)**: 한평생. 살아있는 동안.
- **사생활(私生活)**: 개인의 사사로운 삶.
- **생산지(生産地)**: 어떤 물품을 만들어 내는 곳.
- **생색(生色)**: 다른 사람 앞에 당당히 나설 수 있거나 자랑할 수 있는 체면.
- **생머리(生--)**: 파마를 하지 아니한 자연 그대로의 머리.

133쪽
생김새　　생쥐　　생략　　동생

| 낱말 및 한자 풀이 |

- **사생(寫生)**: 풍경이나 실물을 있는 그대로 그림.

- **야생(野生)** → 128쪽 풀이
- **생생하다(生生--)**: 힘이나 기운 따위가 왕성하다. 바로 눈앞에 보는 것처럼 명백하고 또렷하다.
- **생김새** → 128쪽 풀이
- **생쥐** → 128쪽 풀이
- **생략(省略)**: 어떤 일의 한 부분을 줄이거나 빼어 짧게 만드는 것. 省-덜 생, 살필 성.
- **생판(生-)**: 아주 낯설고 생소하게.
- **동생**: 같은 부모에게서 태어난 사이거나 일가친척 가운데 항렬이 같은 사이에서 손윗사람이 손아랫사람을 이르거나 부르는 말.

 한자 돋보기 | 동생은 우리말!

- 동생은 우리말일까요, 한자어일까요? 한자어 同生은 글자 그대로 '함께 살다', '함께 나다'라는 뜻입니다. '같은 부모에게서 태어난 자식 가운데 나이가 적은 사람'이라는 뜻의 동생과는 다른 뜻이지요. 중세에 동생은 '동ᄉᆞᆼ'이라고 썼는데 이는 한자어 '同生'입니다. 한자 뜻 그대로 "함께 태어난(한배에서 태어난)"이라는 뜻이었습니다. 그런데 '동ᄉᆞᆼ'은 "한배에서 태어난>한배에서 태어난 사람들(=동기)>동기 중 손아랫사람"으로 점차 의미가 변하면서 한자어 同生과는 뜻이 멀어졌습니다. 그래서 '동생'은 한자어 '同生'과 연원은 같지만 지금은 의미가 달라진 한국어입니다.

134쪽
입학생　　우등생
생트집　　생일잔치
생존자　　인생관

생모　　생명력

135쪽
생육　　생활　　생명체
생산자　　생동감　　소생

136쪽
생기발랄　　생년월일
천생연분　　생면부지

137쪽
서생원　　도선생　　십장생

138쪽
生